玫瑰战争、亨利七世与都铎王朝的兴起

［英］詹姆斯·盖尔纳德 著
蒋弘 译

图书在版编目（CIP）数据

玫瑰战争、亨利七世与都铎王朝的兴起 /（英）詹姆斯·盖尔纳德著；蒋弘译. -- 北京：华文出版社，2019.11

（华文全球史）

ISBN 978-7-5075-5189-1

Ⅰ.①玫… Ⅱ.①詹… ②蒋… Ⅲ.①亨利七世—传记 Ⅳ.①K835.617=331

中国版本图书馆CIP数据核字(2019)第206470号

玫瑰战争、亨利七世与都铎王朝的兴起

作　者：	[英]詹姆斯·盖尔纳德
译　者：	蒋　弘
选题策划：	盛世华章
插图供应：	029—85504182
责任编辑：	陈红升
出版发行：	华文出版社
社　址：	北京市西城区广外大街305号8区2号楼
邮政编码：	100055
网　址：	http://www.hwcbs.com.cn
电　话：	总编室010—58336239
	发行部010—58336212
经　销：	新华书店
印　刷：	三河市国英印务有限公司
开　本：	710×1000　1/16
印　张：	20.5
字　数：	260千字
版　次：	2019年11月第1版
印　次：	2019年11月第1次印刷
标准书号：	ISBN 978-7-5075-5189-1
定　价：	75.00元

版权所有　侵权必究

出版前言

随着中国开放的大门的越开越大，关注世界各国尤其是西方国家文明的源流、发展和未来已经成为当下世界史研究的一个热点，为了成系统地推出一套强调"史源性"且在现有世界史出版物中具有拾遗补阙价值的作品，我们经过认真论证，推出了"华文全球史"系列，首次出版约为一百个品种。

"华文全球史"系列从书目选择到人名地名的规范，从书稿中图片的采用到译者的确定，都有比较严格的遴选规定、编审要求和成稿检查，目的就是要奉献给读者一套具有学术性、权威性的高质量的世界史系列图书。

书目的选择。本系列图书重视世界史学科建设，视角宽阔，层级明晰，数量均衡，有所突出。计划出版的华文全球史中，既有通史，也有专题史，还有回忆录，基本上是世界历史著作中的上乘之作，同时也是填补国内同类作品出版的空白。

人名地名规范。本系列图书中人名地名，译名规范，重视专业性。同时，在人名翻译方面，我们坚持"姓名皆全"的原则，加大考据力度，从而实现了有姓必有名，有名必有姓，方便了读者的使用。另外，在注释方面，书中既有原书注，即完整地保留了原著中的注释；也有译者注，又体现了译者的研究性成果。

书中的插图。本系列图书的一个重要特征是书中都有功能性插图，这些插图全方位、多层次、宽视角反映当时重大历史事件、或与事件的场景密切相关，涉及政治、军事、经济、社会、外交、人物、地理、民俗、生活等方面的绘画作品与摄影作品。全景插图与文字结合，赋予文字视觉的艺术，增加了文字的内涵。

　　译者的确定。本系列图书的翻译主要凭借的是一个以大学教师为主的翻译团队，团队中不乏知名教授和相关领域的资深人士。他们治学严谨，译笔优美，为确保质量奉献良多。

　　"华文全球史"系列作为一套具有较高学术价值的优秀的世界历史丛书，对增加读者的知识，开阔读者的视野，具有积极的意义。但也要看到，很多西方历史学家虽然也包含着一些正确的即符合事实的观点，但很多都存在错误的历史观，甚至还有较多的史实的歪曲，对于这些，我们希望读者不要不加分析地对它们全盘接受或全盘否定，而是要批判地吸收外国文化中有益的东西。

华文出版社

2019 年 8 月

埃德蒙·都铎

亨利七世的家庭

亨利七世的长女玛格丽特·都铎

亨利七世的次女玛丽·都铎

亨利八世

亨利六世与安茹的玛格丽特的婚礼

沃里克伯爵理查德·内维尔之死

蒂克斯伯里战场上的安茹的玛格丽特王后

博斯沃思战役：理查三世的噩梦

博斯沃思战役中理查三世被噩梦惊醒

博斯沃思战役：托马斯·斯坦利勋爵带来理查三世的王冠

亨利七世在博斯沃思战场上加冕

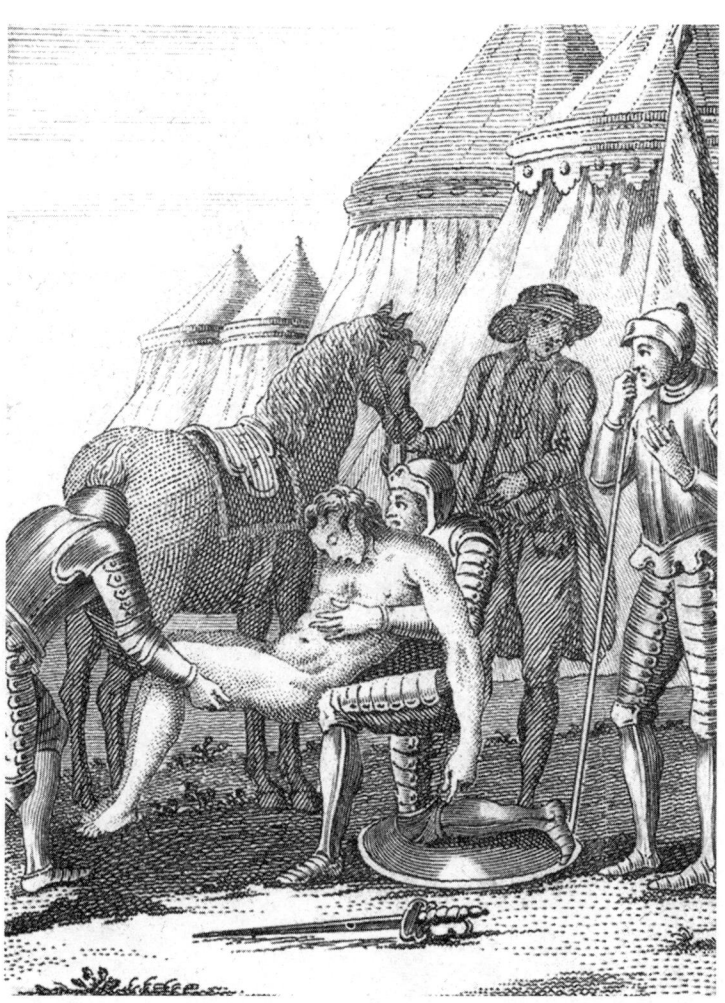

理查三世被杀

爱德华五世和约克公爵什鲁斯伯里的理查在伦敦塔

法兰西的安妮

鎌倉

诺丁克

拉文斯坦勋爵克利夫斯的阿道夫

弗拉迪斯拉斯二世

格拉纳达陷落后同室布拉的穆罕默德十二世家族

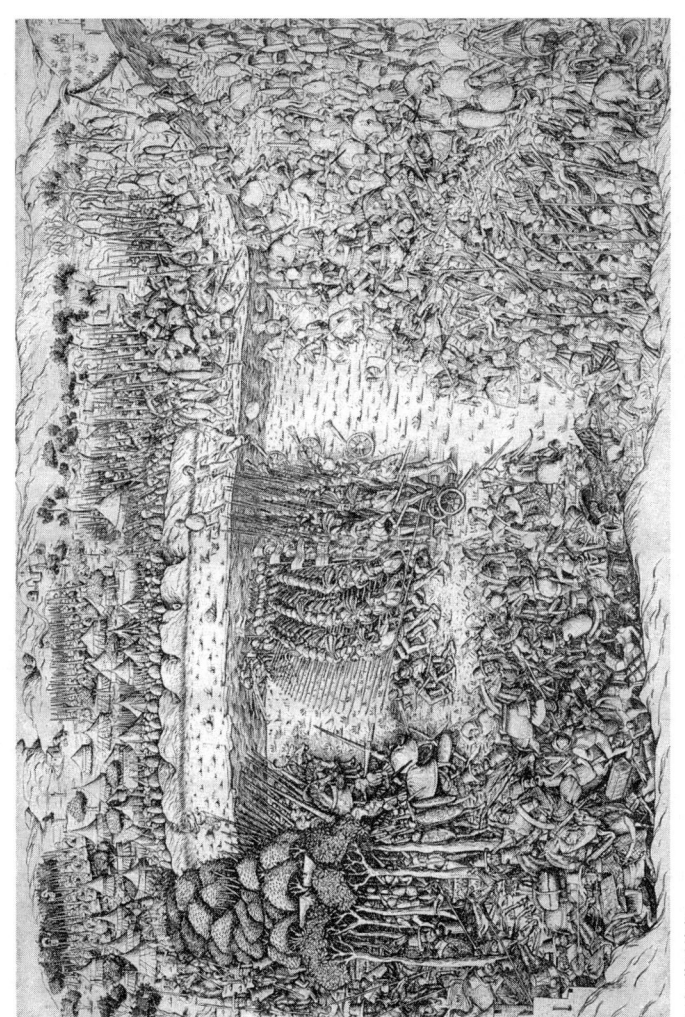

福尔诺沃战役

克里斯托弗·哥伦布发现新大陆

目 录

001　第 1 章
玫瑰战争、理查三世登基与亨利·都铎的反抗

031　第 2 章
博斯沃思战役、亨利·都铎登基与金雀花王朝的终结

047　第 3 章
巩固王位

073　第 4 章
兰伯特·西姆内尔之乱

095　第 5 章
布列塔尼战役

133　第 6 章
与法兰西王国开战

151　第 7 章
珀金·沃贝克三次入侵英格兰

171	**第 8 章**
	加强对爱尔兰的统治

185	**第 9 章**
	神圣同盟

203	**第 10 章**
	康沃尔人与珀金·沃贝克之乱

217	**第 11 章**
	阿拉贡的凯瑟琳

243	**第 12 章**
	卡斯蒂尔王国

271	**第 13 章**
	治国明君与都铎王朝的繁荣

299	**专有名词英汉对照**

第 1 章

玫瑰战争、理查三世登基与亨利·都铎的反抗

精彩看点

身世——出生——囚禁在威尔士的城堡——威廉·赫伯特勋爵的监护——受教多位名师——亨利六世的夸赞——动荡的政局——理查三世的篡权——流亡海外——囚禁布列塔尼——与约克的伊丽莎白的婚事——初次尝试推翻理查三世的统治——遭遇暴风雨——战败——率众返回布列塔尼

从来没有一位国王像亨利七世那样，在登上王位前遭受了如此多的磨难。亨利七世自幼丧父，童年时期因其家族被剥夺家族公权流亡海外。后来，亨利七世曾多次几近落入敌手，多亏自己和朋友的机敏，才一次次化险为夷。对亨利七世来说，登上王位既实现了他的野心，又保障了个人安全。亨利七世无法左右自己的出身，虽然不是英格兰王室嫡亲，但因为亨利六世的儿子战死沙场，所以

亨利七世

亨利六世

爱德华四世

他被视为继亨利六世之后兰开斯特家族的王位继承人。因此,他即使从未有过篡权的念头,也难逃被爱德华四世和理查三世猜忌的命运。事实上,牛津伯爵约翰·德·维尔占领圣迈克尔山岛后,亨利七世虽然产生了推翻爱德华四世的想法,但并未真正参与此类行动。直到生命的最后一刻,亨利七世或许仍然处在逃亡的阴影下。理查三世和爱德华四世执政期间,亨利七世始终未能获得民众的同情。由于亨利七世母亲的王室血脉,亨利七世拥有了继承英格兰王位的资格。尽管亨利七世的父亲拥有威尔士人推崇的卡德瓦隆之子卡德瓦拉国王的血统，但直到登基，为给自己的头衔增光添彩，亨利七世才提及了自己父亲的血统。他的祖父欧文·都铎爵士只是一名威尔士骑士，但娶了亨利五世的遗孀——法兰西国王查理六世的女儿瓦卢瓦的凯瑟琳，亨利七世的父亲成为亨利六世同母异父的兄弟。因此，亨利七世成为法兰西王室的后代，但并不具有继承法兰西王位的资格。亨利七世的父亲里士满伯爵埃德蒙·都铎，即欧文·都铎爵士和亨利五世的遗孀瓦卢瓦的凯瑟琳王后的儿子，因为拥有王室血脉，被亨利六世授予里士满伯爵的头衔。作为里士满伯爵埃德蒙·都铎的儿子，亨利七世自然继承了里士满伯爵的头衔，这是他唯一能从父亲那里继承到的。

瓦卢瓦的凯瑟琳

查理二世

　　亨利七世的母亲玛格丽特·博福特是萨默塞特伯爵约翰·博福特的孙女，冈特的约翰的直系后裔。玛格丽特·博福特的祖父萨默塞特伯爵约翰·博福特是他的父亲冈特的约翰和他的母亲凯瑟琳·斯温福德婚前所生。理查二世在位时，英格兰议会恢复了博福特家族的公民权利。众所周知，理查二世和英格兰议会都未确保博福特家族的王位继承权，亨利四世虽然承认博福特家族婚生子女的贵族地位，但宣称他们没有王位继承权。虽然冈特的约翰曾结婚两次，但当兰开斯特家族想要推选王位继承人时,他与凯瑟琳·斯温福德婚前所生的儿子仍被视作合法继承人。

亨利七世其实并没有把握登基,英格兰议会法案也未对他的王位继承权给出肯定答复。另外一种说法认为,如果亨利七世过分强调自己的血统,就会使人们忽略他的妻子来自约克家族的事实,他也将失去约克家族的拥护。因此,理查二世和亨利四世都曾否认博福特家族的王位继承权是亨利七世继承王位的绊脚石。对亨利七世来说,与其为确认自己的头衔与议会据理力争,不如直接忽略王位继承权被否认这一客观事实。

冈特的约翰

玛格丽特·博福特

以上就是亨利七世的身世,现在我们回顾一下他的人生经历。1457年1月28日,即圣艾格尼斯瞻礼日,亨利七世出生在威尔士的彭布罗克城堡。多年后,当亨利七世登基时,他的母亲里士满伯爵夫人玛格丽特·博福特给他写信道:"圣安妮瞻礼日那天,你来到世间,从此世上多了一位典雅的王子,一位高贵的国王,一位备受青睐的宠儿。"信中提到的圣安妮瞻礼日在每年7月,但我们有充足的证据证明亨利七世生于1457年年初。因此,信中提到的圣安妮应该意指圣艾格尼斯。亨利七世出生时的氛围也略显怪异。当时,他的父亲已经去世两个多月,他的母亲生下他时还不满十四岁①。这一事实有据可查。亨利七世在位时,在玛格丽特·博福特和亨利七世共同出席的一次演讲中,担任剑桥大学校长的约翰·费希尔主教明确提到了这一点。他说:"我们知道,玛格丽特·博福特当时仅是一名娇弱的少女。"作为一名单身母亲,在生产时,玛格丽特·博福特因缺少陪护和年龄太小,导致身体受到了损害。

约翰·费希尔主教

① 根据历史记载,亨利七世的母亲玛格丽特·博福特的出生日期尚存争议,一为1441年5月31日,一为1443年5月31日。(本书中除原注外,均为译者注,不再另行说明)

彭布罗克城堡

亨利七世的出生地彭布罗克城堡，隶属他叔叔彭布罗克伯爵贾斯珀·都铎。尽管奥利弗·克伦威尔曾对彭布罗克城堡发起猛烈进攻，但现在，彭布罗克城堡的遗址仍然非常壮观。亨利八世在位期间，文物收藏家约翰·利兰曾到访彭布罗克城堡。约翰·利兰曾这样描述彭布罗克城堡："彭布罗克城堡恢宏大气，背靠城墙，伫立在硬石之上，分为里外两层。亨利七世出生在彭布罗克城堡外层建筑的一间房间里。这间房间的房门上刻有亨利七世家族的徽章标记。"当时，尽管英格兰爆发了内战，但年幼的亨利七世和母亲里士满伯爵夫人玛格丽特·博福特在叔叔贾斯珀·都铎的保护下，并无性命之忧。爱德华四世夺取王权和彭布罗克伯爵贾斯珀·都铎被剥夺公权后，年仅四岁的亨利七世尽管在城堡中经受了入侵者的袭击，但仍然保全了性命。哈勒赫城堡被攻陷后，彭布罗克城堡仍然牢牢掌握在兰开斯特家族手中。尽管知情者没有透露年幼的亨利七世究竟被围困在哪座城堡中，但我们仍然可以肯定，亨利七世当时囚禁在被约克家族占领的哈勒赫城堡中。

在爱德华四世加冕仪式上，成功攻克哈勒赫城堡的威廉·赫伯特勋爵因对约克家族的忠诚，获得了极高的荣誉和地位。亨利七世的叔叔彭布罗克伯爵贾斯珀·都铎被剥夺公权后，彭布罗克伯爵的头衔也落到威廉·赫伯特勋爵的头上。陶顿战役开始后，亨利七世落入威廉·赫伯特勋爵手中。1468年7月16日，新

陶顿战役

哈勒赫城堡

任的彭布罗克伯爵威廉·赫伯特立下遗嘱:"我愿将女儿莫德·赫伯特许配给里士满的亨利·都铎勋爵①。"作为封建时代的监护人,彭布罗克伯爵威廉·赫伯特在行使自己对亨利七世这个被迫离家的不幸小伙的合法权利。哈勒赫城堡伫立在悬崖峭壁之上,俯瞰大海(尽管与海岸线还有几英里沙滩的距离),是座固若金汤的堡垒,绝对可以确保亨利七世的安全。哈勒赫城堡还是英格兰王国的要塞。在这里,被捕前的贾斯珀·都铎伯爵曾以亨利七世的名义多次召开面向威尔士的重要会议。哈勒赫城堡被攻陷后,便笼罩在扑朔迷离的氛围中。年幼的亨利七世成为囚徒。他的叔叔原彭布罗克伯爵贾斯珀·都铎被剥夺公权,流亡海外。

彭布罗克伯爵威廉·赫伯特对年仅十一岁的亨利七世关怀备至。他的指婚本应按时生效,却被一场意外打乱。里兹代尔的罗宾发动叛乱的第二年,即爱德华

---

① 亨利七世幼年承袭父亲里士满伯爵埃德蒙·都铎的爵位,在即位前被称为里士满伯爵亨利·都铎。

四世为亨利六世取代的1470年，威廉·赫伯特勋爵难逃被诛杀的命运。从失去丈夫到亨利六世复辟这段时间，威廉·赫伯特勋爵的情妇莫德·赫伯特[①]密切关注亨利七世的日常学习并精心照料他的成长。在此期间，亨利七世还受教于他的母亲和叔叔贾斯珀·都铎指派的老师并学有所成。亨利七世自幼身体欠佳，本应在威尔士生活，却总是颠沛流离。幸好名师一直陪在他身边，其中一位便是安德烈斯·斯科特斯。随后，在牛津，亨利七世又师从桂冠诗人伯纳德·安德烈。伯纳德·安德烈对亨利七世的聪颖敏慧给予了高度评价，后来还为其写过传记。

贾斯珀·都铎与妻子凯瑟琳·伍德维尔

[①] 据记载，威廉·赫伯特勋爵有一位情妇也名叫莫德，是豪厄尔·格朗特（Howell Graunt）之子亚当的女儿。

1470年，亨利六世复辟后，亨利七世的叔叔彭布罗克伯爵贾斯珀·都铎带领亨利七世离开彭布罗克伯爵的情妇莫德·赫伯特，并前往伦敦朝觐时任国王亨利六世。据说亨利六世一见到年仅十四岁的亨利七世就被其聪慧机敏打动，情不自禁地赞叹道："千真万确，我们和对手都得放弃争斗，而将天下托付给这位少年。"当然，预言只有被验证后才会流传于世。如果亨利六世曾说过这番话，那么他显然对自己年长亨利七世三岁的嫡子威尔士亲王威斯敏斯特的爱德华缺乏信心。面对一位如此机灵聪明的男孩，亨利六世难免说出这番话。威廉·莎士比亚又将这句预言写入《亨利六世·下篇》①并流传至今。

　　没过多久局势再次扭转。1471年春，爱德华四世再次夺回王位。亨利六世的妻子安茹的玛格丽特王后携其子威尔士王子威斯敏斯特的爱德华返回英格兰

安茹的玛格丽特王后

---

① 见第四幕第六场。——原注

威斯敏斯特的爱德华被害

时，在巴尼特，沃里克伯爵理查德·内维尔已被爱德华四世杀害。一个月后，在蒂克斯伯里，安茹的玛格丽特王后带领军队遭遇溃败。兰开斯特家族的统治被彻底推翻。蒂克斯伯里战役结束后，安茹的玛格丽特和亨利六世的儿子威斯敏斯特的爱德华被当场杀害。几天后，在伦敦塔，疯疯癫癫的亨利六世也被处决。因此，这场内战结束后，约克家族更加肆无忌惮。这时，除了凯瑟琳·斯温福德的后代，冈特的约翰的其他直系子孙都已被赶尽杀绝。当时，身为里土满伯爵的亨利七世不过是个十四岁的小伙子，不具备英格兰王位继承权，无法对约克家族

布列塔尼公爵弗朗西斯二世

构成直接威胁。然而，此时亨利七世不能继续待在威尔士。因此，他的叔叔贾斯珀·都铎带他坐船离开，希望能在法兰西王国找到一处新的庇佑所。出人意料的是，海风将亨利七世叔侄二人吹到当时还是独立公国的布列塔尼。布列塔尼公爵弗朗西斯二世热情地欢迎了他们。弗朗西斯二世清楚如果未来与强大的法兰西王国作战，那么这两位政治人质将可以帮他赢得英格兰王国的支持。

应亨利七世的母亲里士满伯爵夫人玛格丽特·博福特的要求,亨利七世被送往海外。里士满伯爵夫人由于不久前刚嫁给第二任丈夫①白金汉伯爵汉弗莱·斯塔福德的儿子亨利·斯塔福德勋爵,而留在了英格兰。从此,里士满伯爵夫人玛格丽特·博福特不再是爱德华四世的眼中钉,甚至还被赐予德文郡的地产。此后,德文郡成了里士满伯爵夫人玛格丽特·博福特的主要居住地。然而,

汉弗莱·斯塔福德

---

① 据历史记载,玛格丽特·博福特共有四任丈夫,分别是萨福克公爵约翰·德拉·波尔(John de la Pole, 2nd Duke of Suffolk)、里士满伯爵埃德蒙·都铎(Edmund Tudor, 1st Earl of Richmond)、亨利·斯塔福德爵士(Sir Henry Stafford)和托马斯·斯坦利勋爵(Thomas Stanley, 1st Baron Stanley),但她与萨福克公爵约翰·德拉·波尔的婚约后被废除。因此,书中将亨利·斯塔福德称作他的第二任丈夫。

圣马洛

爱德华四世始终引诱布列塔尼公爵弗朗斯西二世交出亨利七世，并声称自己不但不会囚禁亨利七世而且还要将自己的女儿许配给亨利七世。最终，布列塔尼公爵弗朗西斯二世未能经住诱惑，将亨利七世带到英格兰王国驻布列塔尼公国大使馆。英格兰王国驻布列塔尼公国大使馆将亨利七世带往圣马洛，计划从这里乘船将他送回英格兰。相信自己即将赴死的亨利七世正如史书描述的那样"脑海中的任何念头都演变为强烈的悲戚之情"。然而，布列塔尼公爵弗朗西斯二世忠实的老顾问让·克莱内克上将察觉到这件事情有可能会玷污主人的名誉，在最后关头决定干预此事。让·克莱内克上将派遣布列塔尼公爵弗朗西斯二世的司库皮埃尔·朗杜瓦前往圣马洛拦住英格兰王国驻布列塔尼公国大使馆的一行人。皮埃尔·朗杜瓦为自己的出现编造了合理的借口并在交谈中困住了他们。与此同时，皮埃尔·朗杜瓦的手下将亨利七世秘密转移到圣马洛的一处避难所，使英格兰王国驻布列塔尼公国大使馆的计划落空。作为对英格兰王国驻布列塔尼公国大使馆的补偿,皮埃尔·朗杜瓦承诺在亨利七世已经逃跑的情况下(皮埃尔·朗杜瓦将亨利七世的逃走归于自己的粗心大意),布列塔尼公国将重新监禁亨利七世或将亨利七世安全地留在庇护所。

因此,留在布列塔尼公国的亨利七世被当作爱德华四世的余党[①]严加看管。幸好布列塔尼公国对亨利七世的监禁不是特别严格。1482年,亨利七世的继父亨利·斯塔福德勋爵去世,留给亨利七世"一套包含四个天鹅绒材质的马具"。亨利七世的母亲里士满伯爵夫人玛格丽特·博福特很快又嫁给了第三任丈夫——时任爱德华四世管家的托马斯·斯坦利勋爵。

托马斯·斯坦利勋爵

---

① 因亨利七世的母亲玛格丽特·博福特嫁给了亨利·斯坦福德爵士,因此被视作爱德华四世的余党。

伊丽莎白·伍德维尔王后

爱德华四世的死和理查三世的篡权改变了英格兰王国的政治形势。从此，亨利七世不再是一个任人摆布的工具或无辜受害者。理查三世的篡权实际上为亨利七世后来登上王位埋下了伏笔。理查三世宣称他的哥哥爱德华四世与伊丽莎白·伍德维尔王后的婚姻不符合法律规定，因此他们的孩子是没有王位继承权的私生子。很快两位年幼的王子遭到理查三世的处决。理查三世的首席助手白金汉公爵亨利·斯塔福德也极度认同这一观点。为了自身利益，白金汉公爵亨利·斯塔福德伙同一位修道院院长策划了这次篡权行动。白金汉公爵亨利·斯塔福德是博福特家族的后代，当时也许幻想自己可以抢在被流放的侄子亨利·都铎前面登上王位。在威尔士，白金汉公爵亨利·斯塔福德拥有广泛影响力，声称自己是赫里福德伯爵汉弗莱·德·博亨的后代，有权继承王位。兰开斯特家族统治时期，亨利六世将威尔士一半的土地占为己有。亨利六世去世后，理查三世慷慨地将占领的土地归还给白金汉公爵亨利·斯塔福德。然而，白金汉公爵亨利·斯塔福德的野心不止于此。当理查三世以谋反罪将伊利主教约翰·莫顿关入监狱时，白金汉公爵亨利·斯塔福德请求负责羁押。随后，白金汉公爵亨利·斯塔

约翰·莫顿

理查三世

福德将伊利主教约翰·莫顿带到威尔士密谈。爱德华·霍尔和理查德·格拉夫顿合著的编年史中记载了相关情节,其中大部分信息来自伊利主教约翰·莫顿。

  白金汉公爵亨利·斯塔福德鼓励被囚禁的伊利主教约翰·莫顿说出对理查三世的真实看法。为让伊利主教约翰·莫顿坦露心迹,白金汉公爵亨利·斯塔福德声称自己虽然表面上恭敬理查三世,但实际与理查三世根本不是一路人。他还说英格兰的贵族阶层并不诚心诚意拥戴理查三世,"所以(正如白金汉公爵亨利·斯塔福德在会谈中提到的)我非常清楚地知道自己的机遇来了"。在蒂特斯伯里，白金汉公爵亨利·斯塔福德连续做了两天策划登基的美梦。但他清楚这一计划会再次引发内战。假如计划成功，他也会像理查三世那样被整个贵族阶层视为侵略者。在向伊利主教约翰·莫顿坦白心迹时，白金汉公爵亨利·斯塔福德突然意识到自己是萨默塞特伯爵埃德蒙·博福特的后代，实际王位继承顺位并不靠前。他没有告诉伊利主教约翰·莫顿自己忽略这一重要事实的原因，而是很坦诚地告诉伊利主教约翰·莫顿是谁提醒了他这一事实。白金汉公爵亨利·斯塔福德说到，"当我疑惑不已的时候（也就是当他沉迷于登基大梦时）"，"我正在从伍斯特去布里奇诺斯的路上。我遇到里士满伯爵夫人玛格丽特女士（即亨利七世的母亲玛格丽特·博福特）。她是托马斯·斯坦利勋爵的现任妻子，也是我伯祖父萨默塞特伯爵约翰·博福特的女儿和唯一继承人。虽然我以前见过她，却一直忽略她的血统。事实上，她和她的儿子里士满伯爵亨利·都铎的王位继承权都优先于我。"

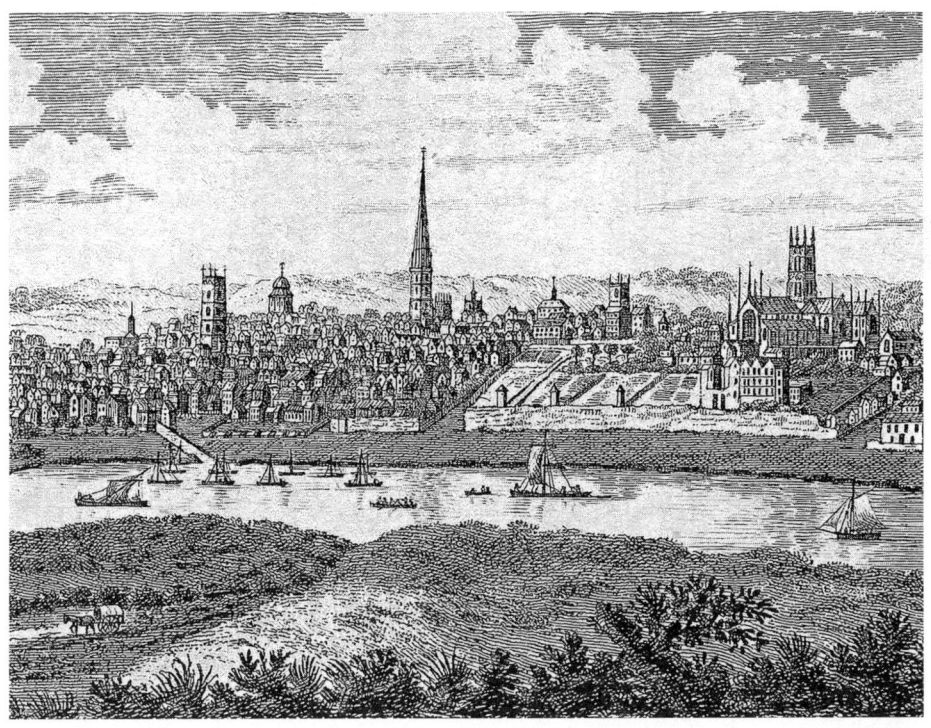

伍斯特

里士满伯爵夫人玛格丽特·博福特将白金汉公爵亨利·斯塔福德看作理查三世最忠实的支持者。她抓住这次机会恳求白金汉公爵亨利·斯塔福德看在亲戚情分上帮助亨利七世,并说服理查三世让她的儿子亨利七世回到英格兰。除此之外,里士满伯爵夫人玛格丽特·博福特还间接提到爱德华四世在位时曾答应把他的女儿嫁给亨利七世。里士满伯爵夫人玛格丽特·博福特表示爱德华四世已被推翻,如果理查三世同意,那么她可以答应不要任何嫁妆促成这桩婚事。显然,里士满伯爵夫人玛格丽特·博福特的建议让白金汉公爵亨利·斯塔福德清醒了过来。他意识到亲自除掉理查三世是极其危险的行为,因为主张爱德华四世的女儿和亨利七世享有王位优先继承权的人会围攻他。在这种情况下,就算自己当上国王也不是什么美差,爱德华四世的女儿和亨利七世一旦结婚,这两派就很快会联合起来对付他,最后把他赶下王位。当里士满伯爵夫人玛格丽特·博福特恳求他从中斡旋时,白金汉伯爵亨利·斯塔福德考虑到潜在的风险后拒绝了她。随后,里士满伯爵夫人玛格丽特·博福特继续前往伍斯特。白金汉伯爵亨利·斯塔福德也踏上通往什鲁斯伯里的路。在路上,白金汉伯

什鲁斯伯里

约克的伊丽莎白

爵亨利·斯塔福德决定重拟计划，下定决心罢黜理查三世。他坚信只有促成这桩婚事才能实现自己的计划。随后，白金汉伯爵亨利·斯塔福德告知伊利主教约翰·莫顿，如果里士满伯爵亨利·都铎愿意和爱德华四世的女儿约克的伊丽莎白结婚，那么他将协助亨利七世作为兰开斯特家族的继承人夺取王位。事实上，白金汉伯爵亨利·斯塔福德的祖上两辈均死于协助兰开斯特家族夺取王位的行动中。

伊利主教约翰·莫顿当然很高兴听到白金汉伯爵亨利·斯塔福德的想法。他一直以来都是兰开斯特家族的忠实追随者，即使爱德华四世在位期间也如此。

伊利主教约翰·莫顿下定决心参与此事，绝不袖手旁观。他立刻与白金汉伯爵亨利·斯塔福德商讨计划实施的步骤和参与者。白金汉伯爵亨利·斯塔福德首先要和亨利七世的母亲里士满伯爵夫人玛格丽特·博福特取得联系。伊利主教约翰·莫顿建议白金汉公爵亨利·斯塔福德先联络她的仆人雷金纳德·布雷爵士。于是，白金汉公爵亨利·斯塔福德给雷金纳德·布雷爵士写信，通知他赶回布雷克诺克。此时，雷金纳德·布雷爵士正陪同里士满伯爵夫人玛格丽特·博福特和托马斯·斯坦利勋爵。他赶紧从兰开斯特郡赶来并第一时间知晓了计划。白金汉公爵亨利·斯塔福德和伊利主教约翰·莫顿希望他建议自己的女主人先取得爱德华四世的遗孀伊丽莎白·伍德维尔王后对联姻的同意和支持，然后再秘密给仍在布列塔尼的亨利七世报信，告诉他如果同意娶约克的伊丽莎白，就有望登上王位。给雷金纳德·布雷布置完任务后，伊利主教约翰·莫顿告诉白金汉公爵亨利·斯塔福德，如果让自己回到伊利岛，那么他就可以寻找帮手，组织人马。鉴于伊利岛极佳的地理位置，伊利主教约翰·莫顿只需四天时间就可以公开反抗理查三世。白金汉公爵亨利·斯塔福德知道伊利主教约翰·莫顿所言不虚，但还是不敢将他放走。伊利主教约翰·莫顿决定主动出击，在夜幕掩饰下偷偷逃走。他先回到伊利岛，获得了经济和人脉上的支持。随后，他坐船前往佛兰德斯辅佐亨利七世，直到计划实现才离开。里士满伯爵夫人玛格丽特·博福特对计划的实施自然十分满意。为能顺利地和爱德华四世的遗孀伊丽莎白·伍德维尔王后对话，里士满伯爵夫人玛格丽特·博福特利用一位经常为自己服务的威尔士医生卢尔斯传话。卢尔斯医生医术精湛，并在贵族阶层享有很高的声誉。借职务之便，在威斯敏斯特，卢尔斯医生可以不被怀疑地找到暂居在避难所的伊丽莎白·伍德维尔王后，并征求她的意见。他很快就将联姻计划告诉伊丽莎白·伍德维尔王后。伊丽莎白·伍德维尔王后听到联姻计划后非常高兴。此前，伊丽莎白·伍德维尔王后和她的家人被关进避难所。伊丽莎白·伍德维尔王后轻信红衣主教托马斯·伯奇尔的诱骗，坚信红衣主教托马斯·伯奇尔会保证她年幼的儿子约克公爵什鲁斯伯里的理查德安然无恙。结果，她的儿子却落入理查三世的魔爪。伊丽莎白·伍德维尔王后和她的五个女儿从那时起就被关在避难所。

约克公爵什鲁斯伯里的理查德落入理查三世之手

理查三世的士兵日夜守卫着避难所,唯恐有人将她们接走。如果这门亲事结成并生效,理查三世就会被推翻。伊丽莎白·伍德维尔王后和她的孩子们也将逃离当下的痛苦境地,恢复他们的政治地位。

两位母亲顺理成章地开始操办起她们孩子们的婚事,接下来她们需要通知亨利七世。里士满伯爵夫人玛格丽特·博福特提议找近期为她服务的神父克里

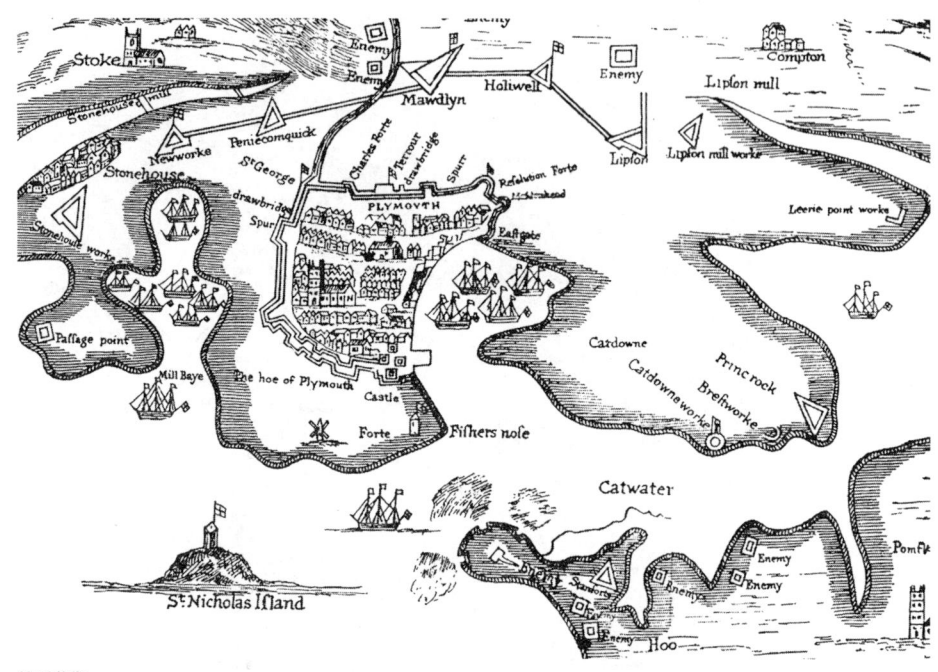

普利茅斯

斯托弗·厄斯威克帮忙。但考虑到计划是白金汉公爵亨利·斯塔福德的主意，里士满伯爵夫人玛格丽特·博福特最终还是选择了一位名叫休·康韦的绅士，认为由他担任信使更妥当。爱德华四世去世后，在布列塔尼，亨利七世已恢复人身自由，不再受到监禁。从普利茅斯出发的休·康韦将会通知亨利七世尽快回到威尔士组织人手。为确保万无一失，另一位名叫托马斯·拉梅的信使将同时从肯特前往加莱。两位信使动作迅速，分别只用不到一小时就抵达目的地，成功将各自的信息传达给亨利七世。随后，亨利七世让他们回国推动下一步的计划。

这一密谋逐渐走漏风声，幸好谋划者和参与者都忠诚可信，否则后果不堪设想。理查三世虽然起了疑心，但尚未察觉到危险，尽管波利多尔·维吉尔①声称理查三世对白金汉伯爵亨利·斯塔福德已经产生怀疑。理查三世以探讨商务事宜为借口，派一位大使前去拜访布列塔尼公爵弗朗西斯二世，但其真实目的

---

① 波利多尔·维吉尔（Polydore Vergil，1470—1555），意大利人文学者、历史学家和外交官，一生都居住在英格兰，被誉为"英格兰历史之父"。

是防止布列塔尼公爵弗朗西斯二世与他人联手对付自己，并劝说布列塔尼公爵弗朗西斯二世重新监禁亨利七世。然而，布列塔尼公爵弗朗西斯二世巧妙地回避了理查三世的要求。布列塔尼公爵弗朗西斯二世一方面对外继续保持着与理查三世的良好关系，另一方面也向亨利七世保证将会全力支持他的计划。其实，布列塔尼公爵弗朗西斯二世早有定论，认为推翻理查三世的计划定会成功。除了亨利七世，爱德华四世遗孀的弟弟爱德华·伍德维尔爵士，这位令理查三世敬而远之的海军司令也在布列塔尼公爵的势力范围内。两位目标一致的英格兰派系杰出首领待在布列塔尼，令理查三世感到恐惧。尽管他开始警惕，但他的政敌仍在布列塔尼逐步完善谋反计划。布列塔尼公爵弗朗西斯二世不仅没有阻碍谋反计划，还为他们提供丰富的物质援助与精神支持。按照计划，1483年10月18日，亨利七世将在英格兰海岸登陆。英格兰南方包括肯特和埃克塞特等多个城市也将同时起义。白金汉公爵亨利·斯塔福德将在布雷克诺克提供支援。

这天终于来临，在德文郡和康沃尔，德文郡伯爵爱德华·考特尼和他的弟弟埃克塞特主教彼得·考特尼同时起义。德文郡伯爵爱德华·考特尼在肯特加入起义队伍。同一时间，伯克郡和威尔特郡的队伍也将加入起义。按原定计划，梅德斯通、纽伯里、索尔兹伯里和埃克塞特本应作为英格兰南部的四个据点同时起义，但行动未能成功。失败主要是由于准备不足、理查三世警惕性较高等原因造成。被称为"白金汉伯爵之河"的塞文河水位暴涨破坏了白金汉伯爵亨利·斯塔福德和威尔士盟军抗击理查三世的计划。亨利七世的军队也被暴风雨赶回布列塔尼和诺曼底的海岸。理查三世下令对海岸线严加守卫，并突然从约克郡赶到索尔兹伯里抓捕痛失威尔士盟军和被亲信背叛的白金汉伯爵亨利·斯塔福德。随后，理查三世下令就地处决白金汉伯爵亨利·斯塔福德。亨利七世的船队也失散了。亨利七世不得不在普尔的港口登岸。此时，理查三世的武装部队已经包围海岸附近，部分士兵假装成白金汉伯爵亨利·斯塔福德的朋友邀请亨利七世上岸，但未能成功。亨利七世再次起航经英吉利海峡前往诺曼底，三天后从诺曼底返回布列塔尼。

战败后，亨利七世的追随者纷纷通过海路逃离英格兰抵达布列塔尼，其中包括多塞特侯爵托马斯·格雷、爱德华·伍德维尔勋爵、理查德·韦尔斯勋爵，前面提到的考特尼兄弟、贾尔斯·多布尼男爵、博纳斯男爵约翰·鲍彻、罗伯特·威洛比男爵，托马斯·阿伦德尔爵士、约翰·切尼男爵及其两个兄弟，威廉·伯克利爵士和一些那时仍默默无闻的人，譬如后来因战时贡献被封爵的爱德华·波宁斯爵士。在后面的章节，我们将会介绍爱德华·波宁斯爵士的相关事迹。

第 2 章

博斯沃思战役、亨利·都铎登基与金雀花王朝的终结

精彩看点

再次流亡海外——重新聚集军事力量——躲避皮埃尔·郎杜瓦的搜捕——流亡法兰西——伊丽莎白·伍德沃德王后的背叛——吸纳反理查三世的势力——登陆威尔士——斯坦利家族的暧昧立场——博斯沃思战役——登上王位

在英格兰，亨利七世对王位的首次出击遭到失败。理查三世无情地处决了留在英格兰的亨利七世的支持者。在埃塞克特，就连理查三世姐姐埃塞克特公爵夫人约克的安妮的丈夫托马斯·圣莱杰爵士也难逃被砍头的结局。为里士满伯爵夫人玛格丽特·博福特和亨利七世传信的托马斯·拉梅也遭到处决。然而，也有人成功逃离英格兰并滞留布列塔尼。这时，布列塔尼已挤满英格兰逃犯。在佛兰德斯，伊利主教约翰·莫顿和里士满伯爵夫人玛格丽特·博福特的专职神父克里斯托弗·厄斯威克找到一处避难所，并和英格兰国内的反叛人士保持联系。

亨利七世并未因此心灰意冷。在法兰西王国，失败经历为亨利七世赢得更多支持。在诺曼底登陆时，他曾向法兰西王国国王查理八世请求获取前往布列塔尼的护照。查理八世（或是摄政王法兰西的安妮以他的名义）不仅答应了亨利七世的要求，还让法兰西王国议会提供财力支持。因此，为表达对法兰西王国的感激，亨利七世派船返回布列塔尼，自己则在岸边缓缓行进，等待着信使从法兰西宫廷归来。1483年10月30日，亨利七世返回布列塔尼，并在布雷阿岛旁的潘波将一万克朗的贷款凭据拿给布列塔尼公爵弗朗西斯二世，为再次集结武装横渡英吉利海峡做准备。此时，白金汉公爵亨利·斯塔福德已被处决的消息还没传到布列塔尼。随后，亨利七世得知国内起义军全军覆没的消息，也听闻多塞特侯爵托马斯·格雷和其他朋友已来到布列塔尼的瓦讷。亨利七世把他们召集在雷恩开会并表示将来再次进攻英格兰的决心。1483年12月25日，在雷恩大教堂的

查理八世

集合中,英格兰流亡的起义军宣誓彼此忠诚,听从亨利七世的指挥。亨利七世也立下重誓,如果日后为王,那么必将迎娶约克的伊丽莎白。亨利七世将会议成果告知布列塔尼公爵弗朗西斯二世,希望从他那里求得更多支援。亨利七世此前已向布列塔尼公爵弗朗西斯二世承诺登上王位后将给予他丰厚的回报。

　　随着时间的流逝,布列塔尼公爵弗朗西斯二世对亨利七世的庇佑愈加有心无力。理查三世声明只要布列塔尼公爵弗朗西斯二世将亨利七世送回英格兰,他就原谅布列塔尼公爵弗朗西斯二世两面三刀的行为,甚至将爱德华三世以后一直被英格兰占有的头衔里士满伯爵归还布列塔尼。虽然布列塔尼公爵弗朗西斯二世已经向亨利七世承诺提供庇佑，但迫于法兰西国王查理八世的权势，布列塔尼公爵弗朗西斯二世不得不服从法兰西国王查理八世的要求，而且此时布列塔尼公爵弗朗西斯二世因罹患精神疾病无法处理公务，他手下不受欢迎的大臣皮埃尔·朗杜瓦负责英格兰王国驻布列塔尼公国大使馆的事务。此前，皮埃尔·朗杜瓦曾极力阻止布列塔尼公爵弗朗西斯二世将亨利七世交给爱德华四世。他本应继续保持立场，但如今形势有变。皮埃尔·朗杜瓦无法继续拒绝或忽视英格兰王国的要求，不得不向理查三世低头并将亨利七世送回英格兰。在这

爱德华三世

关键时刻，暂居佛兰德斯的伊利主教约翰·莫顿听到风声，命令克里斯托弗·厄斯威克神父返回布列塔尼警告主人。克里斯托弗·厄斯威克神父在瓦讷找到亨利七世后就被紧急派往法兰西，并向查理八世为亨利七世申请法兰西王国的护照。克里斯托弗·厄斯威克神父顺利地完成了任务，将护照带回交给亨利七世。亨利七世秘密勘察了从布列塔尼前往法兰西王国的所有道路。他要求同伴和他的叔叔彭布罗克伯爵贾斯珀·都铎一起行动，假装探访因养病暂居法兰西王国与布列塔尼公国国境线附近的布列塔尼公爵弗朗西斯二世。当彭布罗克伯爵贾斯珀·都铎和其他人快抵达法兰西王国与布列塔尼公国的国境线时，亨利七世暗中指挥他们走捷径潜入法兰西。两天后，亨利七世也离开瓦讷与他的叔叔彭布罗克伯爵贾斯珀·都铎在安茹会合。此时，尽管还有三百多位英格兰人待在瓦讷，却没人知道亨利七世已离开，更不知道他为何离开。亨利七世走了大概五英里就钻进树丛中与一位随从互换衣服，随后沿着先遣人员留下的印记前进。他们一行人历尽坎坷，最终到达安茹。

亨利七世的逃跑为皮埃尔·朗杜瓦带来大麻烦。他决定继续模棱两可的态度，打着协助亨利七世的名义准备一队士兵，实际上是为捉拿亨利七世并把他们遣送回英格兰。发现亨利七世逃走后，皮埃尔·朗杜瓦马上派遣马夫全程追踪，但还是晚一小时到达布列塔尼公国与法兰西王国的国境线。布列塔尼公爵弗朗西斯二世身体逐渐好转，意识到皮埃尔·朗杜瓦的举动令布列塔尼同时得罪了理查三世和亨利七世，便对皮埃尔·朗杜瓦大发雷霆。但事已至此，布列塔尼公爵弗朗西斯二世只能推脱自己放跑亨利七世的责任，并向亨利七世再次保证将维护双方的友谊。布列塔尼公爵弗朗西斯二世指派爱德华·波宁斯和爱德华·伍德维尔爵士为滞留在布列塔尼的英格兰人提供资助，使他们可以前往法兰西王国加入亨利七世的队伍。

对流亡的亨利七世和他的朋友们来说，他们能获得法兰西王国的保护再好不过，因为理查三世不敢贸然得罪法兰西王国。为表示对布列塔尼公爵弗朗西斯二世的感激之情，亨利七世派手下前去探望他。亨利七世则前往卢瓦尔河畔的朗热觐见查理八世并表达感激之情。他还请查理八世继续协助自己回到英格

伊丽莎白·伍德维尔王后与子女们在避难所

兰,并声称英格兰贵族正急切等待着自己推翻理查三世。法兰西国王查理八世和议会向亨利七世保证将会继续支持他的事业并给予他无私帮助。得到满意答复后,亨利七世和他的朋友们陪同查理八世一同经由蒙塔日返回巴黎。

与此同时,理查三世不仅打败了叛军还让英格兰议会承认他是国王。1484年3月,爱德华四世的遗孀伊丽莎白·伍德维尔王后发现自己此时孤立无援,只能接受理查三世的建议。因此,伊丽莎白·伍德维尔王后和她的女儿们一起离开避难所。理查三世承诺将为她的女儿们安排好亲事并答应每年拨付给她二百

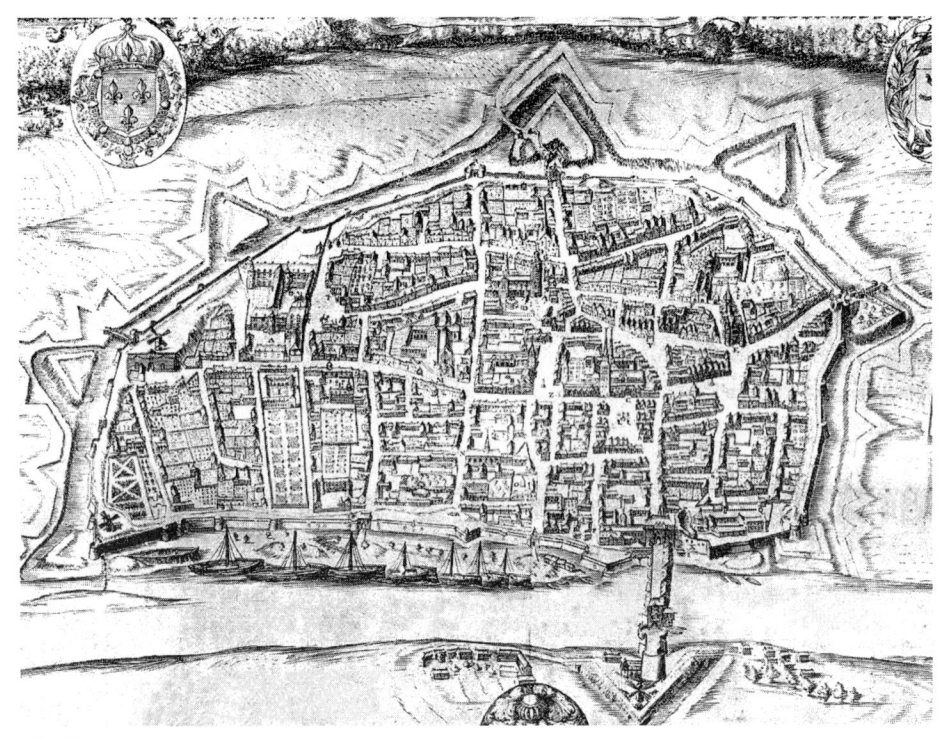

贡比涅

马克的遗产。此事严重破坏了亨利七世的计划,因为他打算娶伊丽莎白·伍德维尔王后的大女儿约克的伊丽莎白。更糟糕的是,随后,理查三世让伊丽莎白·伍德维尔王后放弃对亨利七世的承诺转而服从他。应理查三世的要求,伊丽莎白·伍德维尔王后给在巴黎的儿子多塞特侯爵托马斯·格雷写信,说服多塞特侯爵托马斯·格雷离开亨利七世,返回英格兰接受理查三世给予的馈赠。收到信后,多塞特侯爵托马斯·格雷趁夜色从巴黎溜走前往佛兰德斯。亨利七世和朋友们说服法兰西王国议会允许他们捉回多塞特侯爵托马斯·格雷。在贡比涅,他们找到多塞特侯爵托马斯·格雷后一起返回巴黎。多塞特侯爵托马斯·格雷的背叛令亨利七世备受打击,但伊丽莎白·伍德维尔王后的脆弱和犹豫给亨利七世带来更多麻烦。理查三世表面上答应为伊丽莎白·伍德维尔王后的女儿们安排婚事,暗地里却通过婚姻坐实她们私生女的身份,从而降低她们的地位。理查三世甚至暗示他愿意摆脱掉现任妻子安妮·内维尔王后,而与侄女约克的伊丽莎白结婚。1485年3月16日,理查三世的妻子安妮·内维尔王后去世。随后,有关理查三世将与约克的伊丽莎白结婚的传闻很快散播开来。在市长和议会前,议员们强迫理查三世发誓放弃荒谬的想法。听到这条消息后,在鲁昂的亨利七世十分焦虑。此时,在阿夫勒尔,他正准备集结队伍再次进攻英格兰。理查三世娶爱德华四世女儿的愿望落空(因为爱德华四世在世的第二个女儿约克的塞西莉也即将出嫁)后,又打起与沃尔特·赫伯特爵士的姐妹结婚的主意。在威尔士,沃

安妮·内维尔王后

尔特·赫伯特爵士享有很高的地位。理查三世曾将想法私下传达给沃尔特·赫伯特爵士的一位姐夫诺森伯兰伯爵亨利·珀西,但没有采取进一步行动。

与此同时,亨利七世的反叛事业正顺利筹备着。不少他在英格兰的支持者遭到理查三世的严酷刑罚,纷纷来到巴黎投奔他。理查德·福克斯神父就是其中的一位。理查德·福克斯神父是位博学多才的神父,后来成为亨利七世的首席顾问。亨利七世登基后,他还连任四届主教。在巴黎求学的英格兰学生也成为亨利七世的追随者。时任哈莫司城堡守卫队队长的詹姆斯·布朗特爵士被他的囚徒兰开斯特家族的牛津伯爵约翰·德·维尔说服。詹姆斯·布朗特爵士不仅放走牛津伯爵约翰·德·维尔,还和他一起拜见亨利七世。一同前往的还有负责守卫加莱的约翰·福蒂斯丘爵士。詹姆斯·布朗特爵士特意加派士兵镇守哈莫司城

约翰·福蒂斯丘爵士

谢里夫·赫顿城堡

堡。他离开后，哈莫司城堡却被加莱的护卫军攻破。在欣喜地接见了这两位追随者后，亨利七世又派詹姆斯·布朗特爵士赶回哈莫司城堡救急。然而战事早已结束，詹姆斯·布朗特爵士只能开始草拟战后条约。

理查三世很快就听说亨利七世进攻英格兰的计划。他立即采取最积极的措施来应对即将到来的危险。理查三世不仅发布公告批判亨利七世和他的追随者，而且重新通过曾被英格兰议会禁止的强制性公债敛财。理查三世还在海岸线旁加强防御设施并把约克的伊丽莎白送到谢里夫·赫顿城堡，自己则带领军队镇守诺丁汉。

米尔福德港

　　亨利七世决定在威尔士登陆。他已收到律师基德韦利的摩根发来的消息，知道南威尔士英勇的赖斯·托马斯上尉和约翰·萨维奇爵士将会协助他。他也坚信计划成功后叔叔贾斯珀·都铎会重拾彭布罗克伯爵的身份，尽管贾斯珀·都铎已被剥夺公民权。法兰西国王将菲利贝尔·德·肖恩领导的一支军队任亨利七世调遣。1485年8月1日，亨利七世带领追随者在阿夫勒尔登陆。受海风影响，他们仅花一周就抵达了威尔士海岸。随后，他们在米尔福德港登陆。亨利七世跪在地上亲吻地面，祈祷道："主啊！审判我，并使我冤屈得申。"此时，亨利七世率领的军队只有二千人，威尔士领主们的忠诚度将决定反叛事业的成败。亨利七世号召威尔士的领主们加入起义军，声称自己有权夺取英格兰王位并罢黜篡权者理查三世。起初威尔士的领主们犹豫不决，但随着亨利七世的努力，反对声音越来越少。抵达什鲁斯伯里时，亨利七世名声大振，已经拥有众多威尔士的追随者。登陆英格兰后，亨利七世通知母亲里士满伯爵夫人玛格丽特·博福特、继父托马斯·斯坦利勋爵、托马斯·斯坦利勋爵的弟弟威廉·斯坦利爵士、吉尔伯特·托尔博特爵士和其他朋友,告知他们自己正在威尔士,随后打算在蒂克斯伯里横渡塞文河。此时,斯坦利家族的立场很微妙。理查三世一直把斯坦利家族当作忠实的朋友。尽管里士满伯爵夫人玛格丽特·博福特是对手亨利七世的母亲,理查三世仍然看在她丈夫的份上对她很宽容。她的名字也并未出现在对付亨利七世支持者的《褫夺公权法令》中。但因为里士满伯爵夫人玛格丽特·博福特参与反叛计划,所以理查三世推出一项特殊的法案剥夺她的土地。考虑到她忠心耿耿的丈夫,理查三世又撤销了相关惩罚并赐予托马斯·斯坦利勋爵领地。托马斯·斯坦利勋爵还得到部分叛军所持的丰厚资产,但前提是他必须和妻子

威廉·斯坦利爵士的纹章

隐居一隅，以防他的妻子再次作乱。法令中提到的托马斯·斯坦利勋爵对理查三世忠心耿耿的相关内容，似乎更像是理查三世对托马斯·斯坦利勋爵提出的进一步要求，而非对托马斯·斯坦利勋爵先前忠诚态度的褒奖。如果遭到亨利七世的敌视，在兰开斯特郡和柴郡，托马斯·斯坦利勋爵会迅速组织军队反抗。通过托马斯·莫尔爵士的描述，我们知道理查三世经常用昂贵的馈赠收买人心，他也是这样对待斯坦利家族的。托马斯·斯坦利勋爵是王室大管家，他的弟弟威廉·斯坦利爵士是北威尔士的财政大臣，连他的儿子斯特兰奇男爵乔治·斯坦利也是率领兰开斯特和柴郡的军队抵抗外来入侵的领导人之一。最后决战时刻来临前，理查三世难免对斯坦利家族的忠诚度有所怀疑。在反抗亨利七世入侵时，威廉·斯坦利爵士统治的南威尔士秉持微妙的中立态度，因此兰开斯特和柴郡的军队也很难情绪高昂地参加战斗。理查三世不了解威尔士人参与战斗的消极态度。威尔士人同情作为老英格兰国王后代的亨利七世，威尔士军队也愿意为他提供支持。当理查三世得到亨利七世登陆的消息时，亨利七世的军队早已抵达什鲁斯伯里。

此时，理查三世面临严峻挑战。南威尔士的第一条防线已被攻破，兰开斯特、柴郡和北威尔士也告急。威廉·斯坦利爵士和约翰·萨维奇勋爵立刻被定为叛国罪，托马斯·斯坦利勋爵被要求立刻亲自或派儿子前往诺丁汉觐见理查三世。斯特兰奇男爵乔治·斯坦利代父前往诺丁汉，理查三世暗示斯特兰奇男爵乔治·斯坦利，考虑到目前的紧急情形，托马斯·斯坦利勋爵必须亲自觐见。托马斯·斯坦利勋爵托病拒绝了理查三世的要求。斯特兰奇男爵乔治·斯坦利逃跑失败，被迫说出家族与亨利七世的支持者勾结的事实。但他坚持说父亲托马斯·斯坦利勋爵没有背叛理查三世，甚至表明自己愿意留下当人质以证清白。托马斯·斯坦利勋爵因此不得不时常展露出对理查三世的忠诚。

得到消息的亨利七世同样忧心忡忡。在利奇菲尔德和塔姆沃思间的占领区，他整晚独自徘徊。第二天早上回到营地后，亨利七世向大家解释昨晚失踪是因为突然收到盟友表达愿意加入起义的密信。为鼓舞士气，亨利七世再次不告而别，偷偷前去与托马斯·斯坦利勋爵和威廉·斯坦利爵士会面。托马斯·斯坦

博斯沃思战役

利勋爵表明了自己进退两难的处境。尽管亨利七世的军队与理查三世的军队相比实力悬殊，但许多得不到理查三世信任的人士愿意追随他。

随着理查三世军队的逼近，亨利七世将阵地搬到莱斯特郡的博斯沃思。该地被河流和沼泽包围，亨利七世可以借机采取以少胜多的战略。在博斯沃思战役中，理查三世最终战败被杀。因此，亨利七世登上王位。战争初始，托马斯·斯坦利勋爵没有偏袒任意一方，被理查三世定为叛国者的威廉·斯坦利爵士也没有轻举妄动。托马斯·斯坦利勋爵拒绝理查三世紧急增援的要求。随后，理查三世下令杀掉托马斯·斯坦利勋爵的儿子斯特兰奇男爵乔治·斯坦利，然而直到开战后理查三世的手下方才打算执行命令，最后也未能杀掉斯特兰奇男爵乔治·斯坦利。最终，托马斯·斯坦利勋爵和威廉·斯坦利爵士下定决心公开反抗理查三世。威廉·斯坦利爵士前去营救亨利七世时，理查三世正与亨利七世进行最后的决斗。

戴着王冠的理查三世最终在战斗中被杀。战斗结束后,理查三世的王冠被雷金纳德·布雷爵士找到并交给了托马斯·斯坦利勋爵[①]。托马斯·斯坦利勋爵将王冠戴到亨利七世的头上。所有人呼喊着:"亨利是国王!亨利是国王!"亨利七世立刻行使国王权力,当场册封包括吉尔伯特·托尔博特爵士和赖斯·托马斯上尉在内的十一人。

---

① 根据历史记载,博斯沃思战役结束后,在逃走过程中,理查三世的王冠曾掉落到荆棘丛里,后被雷金纳德·布雷爵士找到。

第 3 章

巩固王位

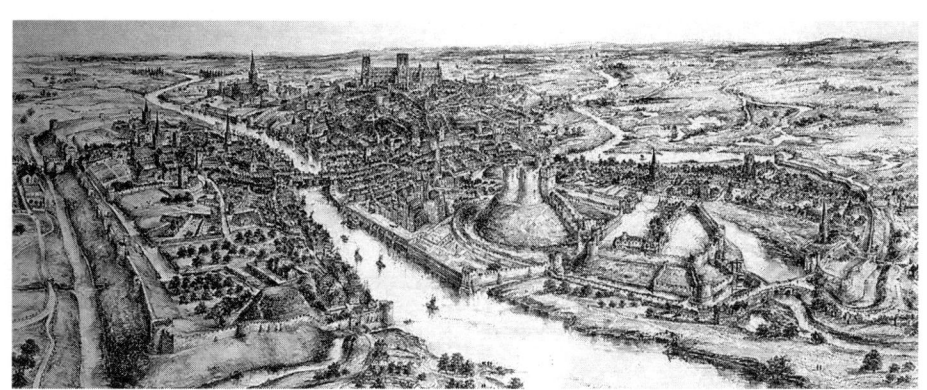

精彩看点

统治的合法性——囚禁沃里克公爵爱德华·金雀花——进入伦敦——汗热病突然爆发——加冕——确认君主头衔——对理查三世支持者的政策——增加王室收入——平息国内骚乱——约翰·莫顿主教——其他重要谋臣——与约克的伊丽莎白的婚礼——亲自巡查约克——遭遇叛军——对约克家族叛军的惩罚——威尔士亲王阿瑟·都铎出生

在博斯沃思，亨利七世加冕为王。尽管当时的场景十分戏剧化，但亨利七世的登基已成不容置疑的事实。理查三世战败后，亨利七世成为英格兰国王。因为暴君理查三世已被推翻且没有其他继承人，亨利七世成为事实意义的国王。但此时亨利七世还面临一个关键问题。亨利七世统治的合法性从何而来？在战时，亨利七世无暇考虑具体法律细节，但任何权力都必须有其合法性。亨利七世十分清楚不确定的头衔会削弱他的统治。

亨利七世统治的合法性来自何处？兰开斯特家族早已被剥夺王位继承权。兰开斯特家族的直系血脉已都灭绝。亨利七世所属的旁系血脉并不一定享有王位继承权。如果不是许诺迎娶约克的伊丽莎白，亨利七世无法获得约克家族的支持并赢得博斯沃思战役。与约克的伊丽莎白结婚获得的统治合法性不够稳固，因为亨利七世的权力将来源于妻子。正如圣奥尔本子爵弗朗西斯·培根所说："亨利七世可以因此登基，但人们对亨利七世仅仅是礼仪上的尊重。"如果妻子去世，亨利七世将失去国王头衔。如果妻子被剥夺王位继承权，那么亨利七世的命运将由英格兰议会决定。因此，亨利七世需要证明自己王位继承权的合法性，避免被仔细盘问或失去约克家族的信任。戴上王冠后，亨利七世立即被众人拥护为王，但还没有举行庄严的登基仪式。其实在战争爆发前，亨利七世就以国王的名义呼吁威尔士人帮助他夺取王权。

伦敦塔

战争胜利后,亨利七世立刻派罗伯特·威洛比爵士前往约克的伊丽莎白被囚禁的谢里夫·赫顿城堡。谢里夫·赫顿城堡还囚禁着爱德华四世的弟弟克拉伦斯公爵乔治·金雀花年仅十岁的儿子沃里克伯爵爱德华·金雀花。因为沃里克伯爵爱德华·金雀花曾经被指定为王位继承人,所以理查三世囚禁了他,并剥夺了他的王位继承权。理查三世恐惧克拉伦斯公爵乔治·金雀花问题的二次讨论会削弱自己的统治合法性。亨利七世也认为必须继续监视年仅十岁的沃里克伯爵爱德华·金雀花,因为某些约克家族成员可能会认为男性继承人更应执政。亨利七世要求罗伯特·威洛比爵士将沃里克伯爵爱德华·金雀花带回伦敦。可怜的

沃里克伯爵爱德华·金雀花随罗伯特·威洛比爵士回到伦敦就被投入伦敦塔。随后,在诸多贵族和贵妇人的陪同下,约克的伊丽莎白来伦敦投奔未婚夫亨利七世,抵达伦敦后与母亲伊丽莎白伍德维尔王后住在一起。

亨利七世也从容不迫地向伦敦行进。弗朗西斯·培根认为亨利七世是在某个星期六进城的,"因为他获胜的那天是星期六,亨利七世认定星期六是他的吉日"。圣奥尔本子爵弗朗西斯·培根的观点是有依据的,最初出自亨利七世时期的"桂冠诗人"和历史学家伯纳德·安德烈的记述。但事实上有确凿证据显示博斯沃思战役发生在星期一,而不是星期六。亨利七世对星期六的迷信被证实源自随后的经历。两次反对他的叛乱是在星期六被平息的,一次是发生在1487

圣奥尔本斯

年6月16日的斯托克战役，另一次是发生在1497年6月17日的布莱克希思战役。布莱克希思战役发生三年后，伯纳德·安德烈才开始撰写史书，弄错了博斯沃思战役发生的时间。显然，亨利七世进城的时候弗圣奥尔本子爵朗西斯·培根也在场，他还为亨利七世吟唱了一首自编的拉丁文颂歌。根据史料记载，1485年9月3日——战争结束后的第二个星期六，亨利七世抵达伦敦。路上耗费的漫长时间显示民众对亨利七世的热情和爱戴，而他还在圣奥尔本斯修整了几天。

另一个流传至今的错误观点不是伯纳德·安德烈的失误，而是圣奥尔本子爵弗朗西斯·培根曲解了史料。圣奥尔本子爵弗朗西斯·培根曾描写到，被诸多贵族围簇的亨利七世出人意料地乘坐了一辆密闭的四轮轻马车，"像是一位国家公敌或流放者，宁可保持尊严让民众敬畏，也不愿讨好他们"。但圣奥尔本子爵弗朗西斯·培根的描述仅基于对史料的推测。根据相关史料，亨利七世想要远离民众的欢呼喝彩。圣奥尔本子爵弗朗西斯·培根描述道，"正如伯纳德·安德烈所说，亨利七世好像坐在一辆密闭的四轮轻马车，十分隐秘地进城了"。因此,亨利七世乘坐密闭的四轮轻马车只是史料对伯纳德·安德烈手稿的误读而已。其实伯纳德·安德烈并没有提到亨利七世隐秘地进城,而是提到他很喜悦(当时的史料将loetanter这个词误读作latenter),但事情的性质就完全改变了。亨利七世并不惧怕民众的夹道欢迎,也不会自私无礼地浇灭他们的热情。历史学家波利多尔·维吉尔告诉我们,在肖迪奇,亨利七世受到伦敦市长威廉·斯托克爵士及其他陪同人员的热烈欢迎。人人都无比热情地欢迎他:"十分荣幸可以触摸和亲吻您这只战胜了冷酷暴君的胜利之手。" 在赞颂声中,亨利七世抵达圣保罗大教堂。随后,他展示了"三面战旗":第一面是圣乔治的画像,第二面是绘在"绿色和白色薄绸"上的卡德瓦拉德火龙,第三面是"绘在黄色格子呢上的深色母牛"。吟诵完祷词及演唱完《赞美颂》,亨利七世前往伦敦主教托马斯·肯普的宅邸住了几日。

在伦敦主教托马斯·肯普的宅邸,亨利七世召集顾问委员会讨论他与约克的伊丽莎白的婚事并确定了婚礼具体日期。出于特殊考虑,亨利七世计划加冕仪式结束及国会召开后再举行婚礼。

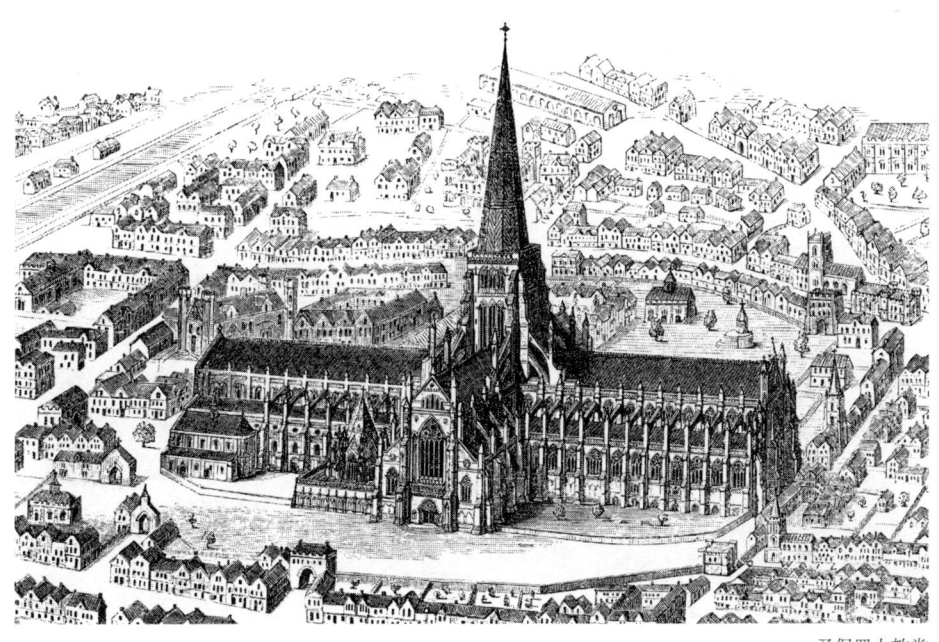

圣保罗大教堂

与此同时，伦敦民众正举行游行和盛会抒发喜悦之情。到达伦敦前，亨利七世已经获得一千马克的捐款。在肖迪奇，伦敦市长威廉·斯托克爵士代表在场的四百三十五位身着暗红色长袍的市议员和身着紫色长袍的市民，将这笔钱上交亨利七世。由于厌恶理查三世的暴政及期盼内战结束，议员们对亨利七世发自内心地忠诚。此时，在伦敦，一种突然出现的致命汗热病迅速传播。1485年10月11日，伦敦市长威廉·斯托克爵士感染汗热病去世。1485年10月16日，新选举出的市长约翰·沃德爵士也染病身亡。因此，在1485年10月28日前，即行政年结束前，伦敦必须选举出第三任市长。很快，又有六位市议员感染汗热病后不幸去世。汗热病发病速度极快，有人在发病两个小时内就身亡，但病人只要能撑过二十四小时就基本脱离危险了。1485年9月21日到1485年10月月底，汗热病肆虐，但没有妨碍亨利七世在1485年10月30日如期举行的加冕礼。加冕礼三天前，即1485年10月27日，亨利七世与坎特伯雷大主教红衣主教托马斯·伯奇尔在兰贝

兰贝斯宫

亨利七世卫队里的士兵

斯宫进餐。随后，在伦敦塔，亨利七世册封了十二位方旗爵士。为了即将到来的加冕礼，他还册封了三位贵族：他的叔叔彭布罗克伯爵贾斯珀被册封为贝德福德公爵，他的继父斯坦利勋爵被册封为德比伯爵，爱德华·考特尼被册封为德文伯爵。在下文中，我们会提到，亨利七世对待贵族的册封非常谨慎。加冕礼当天，为防止不测——假装为给王冠增加更多威严色彩，亨利七世组建了一支由弓

路易十世

箭手及其他人员组成的五十人护卫队来保护他。从法兰西王室,他学到这种做法。若干年前,路易十世就为自己组建了私人护卫队。在英格兰,尽管这种做法还未普及,但爱德华四世和理查三世也做过类似展示自己受欢迎程度的举动。护卫队显示了至高无上的王权,而护卫队的侍卫也终于实现预设的职能①。

亨利七世进城十二天后,根据1485年9月5日颁布的召集令,1485年11月7日,英格兰议会开幕。亨利七世急切地召开议会不是为了筹款,而是为了尽快稳定政局并巩固王权。尽管深受民众欢迎,但亨利七世仍努力向全世界证明自己不是

---

① 护卫队侍卫的预设职能主要是保护国王的安全。

篡权者和仅凭武力登上王位的莽夫。英格兰议会的第一要务就是确认他的国王头衔。然而鉴于亨利七世的特殊身世，在一片沉默中英格兰议会明智地确认了他的国王头衔。在下议院的演讲中，亨利七世表示自己是凭借继承权和上帝的眷顾取得胜利的。议会颁布的法案确立了他的王位继承地位，"当今君主亨利七世及其后代享有英格兰王位的继承权"。无论是对亨利七世祖先继承权的承认还是初次创立，都不影响这一法案生效。重要的是，这一权利只由亨利七世享有，与未来的王后约克的伊丽莎白无关。在法律上，亨利七世的国王头衔已经具备合法性，联姻则会进一步加强他的权力。

理查三世此前颁布的剥夺亨利七世支持者权利的法案已经被推翻。亨利七世统治下的议会通过了一个新的剥夺权利法案，针对理查三世及其参加博斯沃思战役的手下们。博斯沃思战役发生时，亨利七世还不是国王，为何支持理查三世的人却犯了所谓的"叛国罪"呢？因为这是亨利七世用权力强迫英格兰议会颁发的法令。亨利七世将登基日期改为1485年的8月21日，即博斯沃思战役发生前一天。这样，在莱斯特，理查三世及手下集合后参加博斯沃思战役的行为就构成叛国罪。法令通过后，遭到因支持理查三世而被驱逐叛党的强烈抗议。

有关此事的记载非常少，但一位隐居在林肯郡克罗兰修道院的僧侣的笔记告诉我们由于当时波及的人不多，所以法令没有掀起太大波澜就通过了。当然也有人指责新的剥夺权利法案有失公允，就连僧侣本人也在记录法令所激起的恐慌时忍不住写上自己的评论："上帝！此后，我们的君主可以高枕无忧了。决战日被迫召集起来对付今天君主的人们即将因法令的颁布一无所有！"民众对法令的受害者并没有过多同情，这正是亨利七世的目的。亨利七世企图先用剥夺权利法案掀起一阵恐慌，随后再通过赦免行为引发民众心中对他仁慈之举的感激。很快，亨利七世下达新命令——在四十天内，任何叛军的支持者宣誓效忠国王就可赦免。因此，许多曾支持过理查三世的人走出避难所。

圣奥尔本子爵弗朗西斯·培根写道，因为亨利七世已没收大量财产，他无法再要求议会拨款。事实上，英格兰议会已经就是否要为亨利七世拨款举行了投票表决。《恢复法案》规定，亨利七世继承亨利六世在1455年10月2日之后获得

亨利七世时期发行的货币

的所有地产，但亨利六世在1455年10月2日之前批准的拨款全部失效。就任前期，亨利七世十分节俭。在他的努力下，英格兰议会通过了保护英格兰贸易的法案，既维护了英格兰商人的利益又充实了国库。该届议会还通过了另一个有关国王权力的重要法令。几个世纪以来，王室滥用伙食费的行为持续引发民怨。尽管爱德华三世登基后陆续出台法令规定王室用品应合理定价，但抱怨声从来没有停止。为平息民怨，英格兰议会下议院向亨利七世递交了一份"卑微的请求"，但没有提到相应的解决方案。根据议会的意见，亨利七世拟定了相应的制度。这一制度的实施可以为亨利七世增加总计一万四千英镑的收入。如此一来，王室就有充足的经费使用，避免了王室账目不清。该收入来自兰开斯特和康沃尔的税金、沃里克被没收的地产，也来自重臣、造币厂厂主、伦敦首席管家、伦敦和其他港口的海关，以及全国使用王室土地的农民。随后又增加了一项条款，规定在付款的过程中，如果有官员出了差错，那么英格兰的财政大臣需要将这笔欠款算入其他王室收支中。具体规定提交到议会后,议会两院分别通过。根据法案的内容,我们可以推断亨利七世应该极力支持此事。

1485年11月19日,英格兰上议院全体议员共同起誓平息国内骚乱。每位议员都要求发誓不会接受或庇佑重罪犯、不会通过契约或口头协定收留任何人或者违背法律为其提供随从、阻挠国王命令的实施、贿赂陪审员。总而言之,他们不能过度影响法律、发动暴乱和参加非法集会活动。上议院议员宣誓前,部分来自王室和下议院的骑士和绅士已经完成宣誓。在亨利七世面前,所有上议院议员将右手放在胸口、左手放在福音书上,再一次起誓将遵守所有承诺。

骑士

托马斯·洛弗尔爵士的纹章

　　那时，英格兰议会两院已经完成亨利七世在保持社会安定方面提出的要求，议员们开始催促亨利七世履行义务。1485年12月10日，英格兰议会下议院议长托马斯·洛弗尔爵士将下议院的请求带给当时正在上议院的亨利七世，告诉他既然已顺利登上王位并确保了其后代的王位继承权，接下来就该与爱德华四世的女儿约克的伊丽莎白成婚了。话音刚落，所有上议院议员都起身低垂着头站在国王面前，重复着同一请求。该场景是事先安排的，很符合亨利七世的心意。亨利七世认为议员们就该恳求他完成这实际上对自己最有利的举措，尽管他并不必履行在布列塔尼许下的承诺。在亨利七世答应这些议员的请求后，伍斯特主教约翰·阿尔科克便宣布英格兰议会休会至1486年1月23日。

离开法兰西前,亨利七世给予多塞特侯爵托马斯·格雷的背叛行径最恰当的处罚:作为向法兰西王国国王查理八世借款远征英格兰的抵押人质,多塞特侯爵托马斯·格雷和约翰·鲍彻爵士留在法兰西。议会结束后,亨利七世就立刻派人赎回这两人。与此同时,亨利七世又派信使前往佛兰德斯,告知伊利主教约翰·莫顿自己将授予他高职。

毫无疑问,伊利主教约翰·莫顿高超的外交手腕是亨利七世登上王位的重要因素,因此,他有资格获得亨利七世给予的最高荣誉。1487年3月,红衣主教托马斯·伯奇尔去世后,亨利七世提拔伊利主教约翰·莫顿为坎特伯雷大主教和

约翰·鲍彻爵士

教皇亚历山大六世

大法官。几年后,亨利七世又成功说服教皇亚历山大六世让坎特伯雷大主教约翰·莫顿担任红衣主教。我们很难评估坎特伯雷大主教约翰·莫顿对亨利七世的治国政策有何影响。从国家文件中提到坎特伯雷大主教约翰·莫顿的寥寥几笔和他与白金汉公爵亨利·斯塔福德谈话的只言片语中,我们只能勾勒出他心系宗教事业、精明负责的历史形象。在他人生的巅峰时刻,他是一个了不起的建设者,也热衷于发掘人才。作为伊利主教,他做出诸多贡献,曾将自己郊区的沼泽地排干并率人修建一条直通大海的航行运河。此外,坎特伯雷大主教约翰·莫顿还曾发表过激发国民自由性的著名言论,并在议会中反对亨利七世的一些严苛政策。对坎特伯雷大主教约翰·莫顿的所作所为我们知之甚少,但从托马斯·莫尔爵士对他的高度评价中,可以确定他是一位诚实而又富有远见的人。

当时亨利七世议会中的领军人物除了坎特伯雷大主教约翰·莫顿外,还有理查德·福克斯神父和雷金纳德·布雷爵士。理查德·福克斯神父也是一名神职人员,先后被任命为埃克塞特、巴斯、达勒姆和温彻斯特大主教。选任神职人员参与国家事务有很大的优势,国王可以轻易地将他们提升为大主教。与世袭议员相比,亨利七世发现神职人员的机敏和精明更能帮他完成棘手的谈判。后来,

理查德·福克斯神父

嘉德骑士纹章

亨利七世任命理查德·福克斯大主教担任掌玺大臣，还让他广泛参与外交工作。当时的作家将雷金纳德·布雷爵士形容为"国家的守护者、庄严肃穆的传奇人物、公平精神的拥护人"。他还被封为嘉德骑士，对亨利七世产生了深远的影响。在亨利七世执政初期，尽管人们总是将严苛的赋税归咎于坎特伯雷大主教约翰·莫顿和嘉德骑士雷金纳德·布雷，但其实他俩是议会中最敢于就不平等提出抗议的成员。正因为他们的存在才避免了亨利七世随心所欲地统治国家。

除了以上人士，亨利七世还深受他叔叔贝雷福德公爵贾斯珀·都铎、因支持兰开斯特家族事业而被监禁多年的牛津伯爵约翰·德·维尔、德比伯爵托马斯·斯坦利及其在博斯沃思差点牺牲的儿子斯特兰奇男爵乔治·斯坦利、宫廷大臣威廉·斯坦利爵士等人的影响。其他荣辱与共的朋友也对他影响颇深，譬如被封为多布尼勋爵的贾尔斯·多布尼、被封为财政大臣的德汉姆勋爵、被封为勋爵的亨利七世管家罗伯特·威洛比爵士、理查德·吉尔福德爵士、约翰·切尼爵士、理查德·埃奇库姆爵士、托马斯·洛弗尔爵士、爱德华·波宁斯爵士及其他因忠诚和支持亨利七世而被纳入议会的人士。

1486年1月18日，亨利七世与约克的伊丽莎白最终举行婚礼。在英格兰议会确认亨利七世国王头衔之前，他一直默默地忍耐。因为亨利七世与约克的伊丽莎白的婚姻不合礼法，所以需要罗马教廷批准。还没有等到教皇英诺森八世正

教皇英诺森八世

新婚的亨利七世

式诏书抵达,为满足公众对国王婚礼的期盼,从教皇英诺森八世派往英格兰的使节伊莫拉大主教西莫内·博纳蒂斯口中获得结婚准许后,亨利七世立刻举行了婚礼。教皇英诺森八世随后颁布了两份诏书,既肯定这桩婚姻的合法性,也将反对亨利七世登基的叛军逐出了教会。

亨利七世被描述为"冷漠的丈夫",因为他对约克家族的厌恶不仅表现在战场上,还表现在自己的卧室和床上。以上看法是由圣奥尔本子爵弗朗西斯·培根提出来的,后来证明那完全是夸大其词。尽管这是一桩拖延已久的政治婚姻,而且约克的伊丽莎白对亨利七世的影响也远远不及亨利七世的母亲,但没有明显证据表明他俩的婚姻存在粗暴行为或严重分歧。与此相反,我们有充分理由认为约克的伊丽莎白是位甘于奉献的深情妻子。在婚姻生活的最后时刻,他们温情地抚慰着彼此丧子的痛苦。但亨利七世的确不是一位宠溺妻子的丈夫。婚礼结束后不久,他就抛下妻子开始巡视英格兰。

英格兰北部尤其是约克郡向来是理查三世支持者的大本营,亨利七世决定亲自前往此地巡查。1486年3月中上旬,他离开伦敦,途经沃尔瑟姆、剑桥、亨廷顿、斯坦福德抵达林肯。在林肯,他庆祝了复活节,并在圣周四那天为二十九位穷人濯足,因为那年他刚满二十九岁。随后他避开纽瓦克转向诺丁汉,因为纽瓦

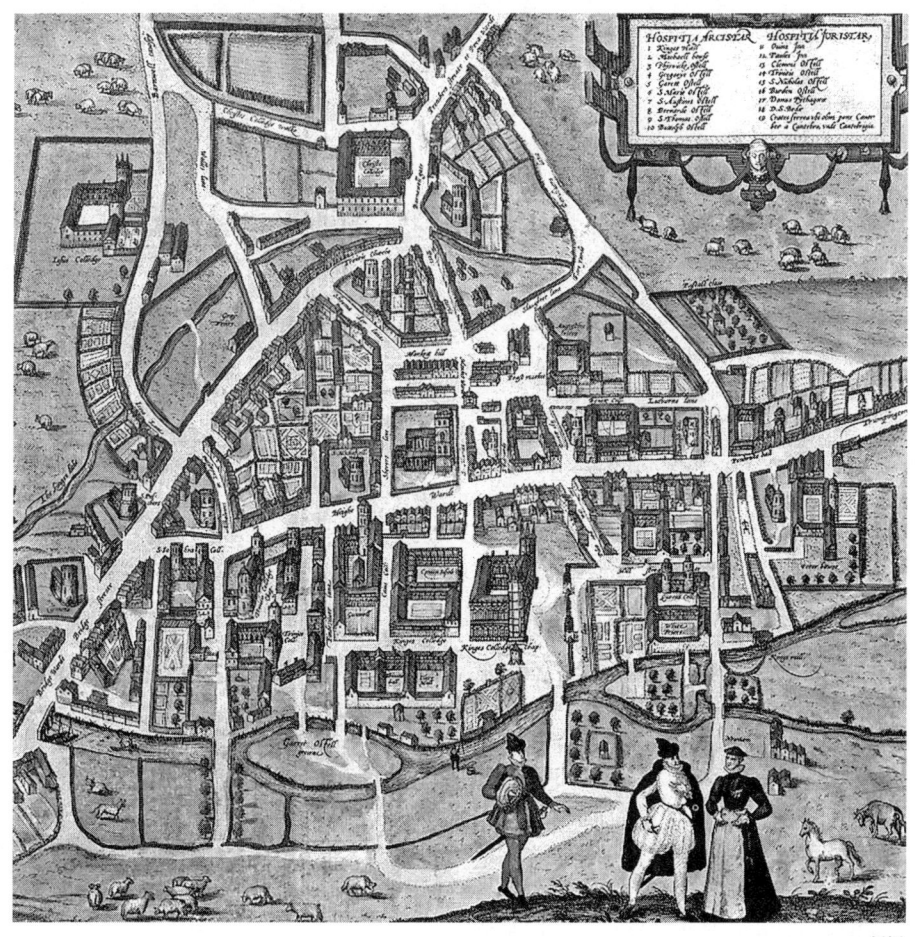

剑桥

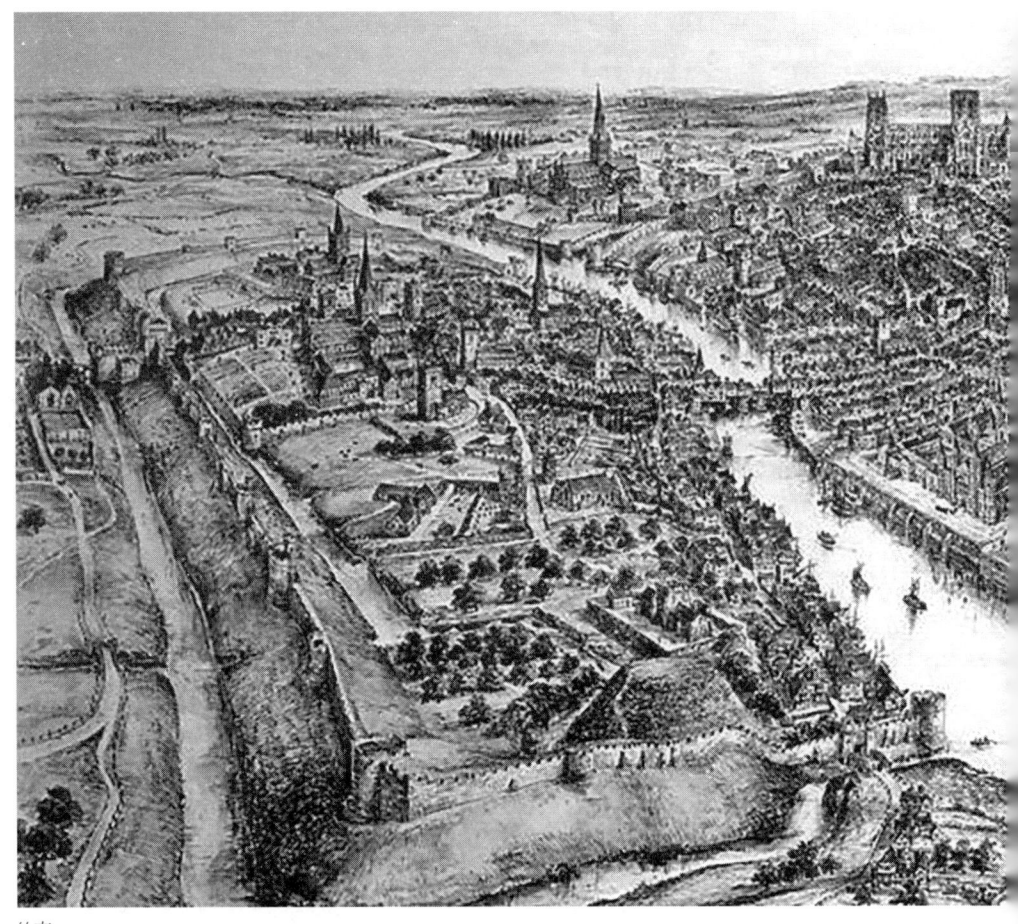

约克

克爆发了瘟疫。途经唐克斯特和庞弗里特后,亨利七世最终抵达约克。因为一直有人告诫他路途中会发生危险,路过林肯郡的时候,亨利七世就听闻三位在科尔切斯特避难的理查三世追随者弗朗西斯·洛弗尔勋爵、汉弗莱·斯塔福德和托马斯·斯塔福德已经逃离避难所并失去行踪。在诺丁汉,亨利七世又被告知约克郡的里彭和米尔德赫姆发生叛乱。起初,亨利七世并不担忧这些叛乱。在林肯郡,他召集了一批毫无武装的随从,因为他认为这种行为会为自己加分。在庞弗里特和约克的中间地带,大批贵族、绅士和农民匆忙备好武装后伴他继续前行。在听闻这支武装队伍后,叛乱者一哄而散。约克民众举行了最热情盛大的

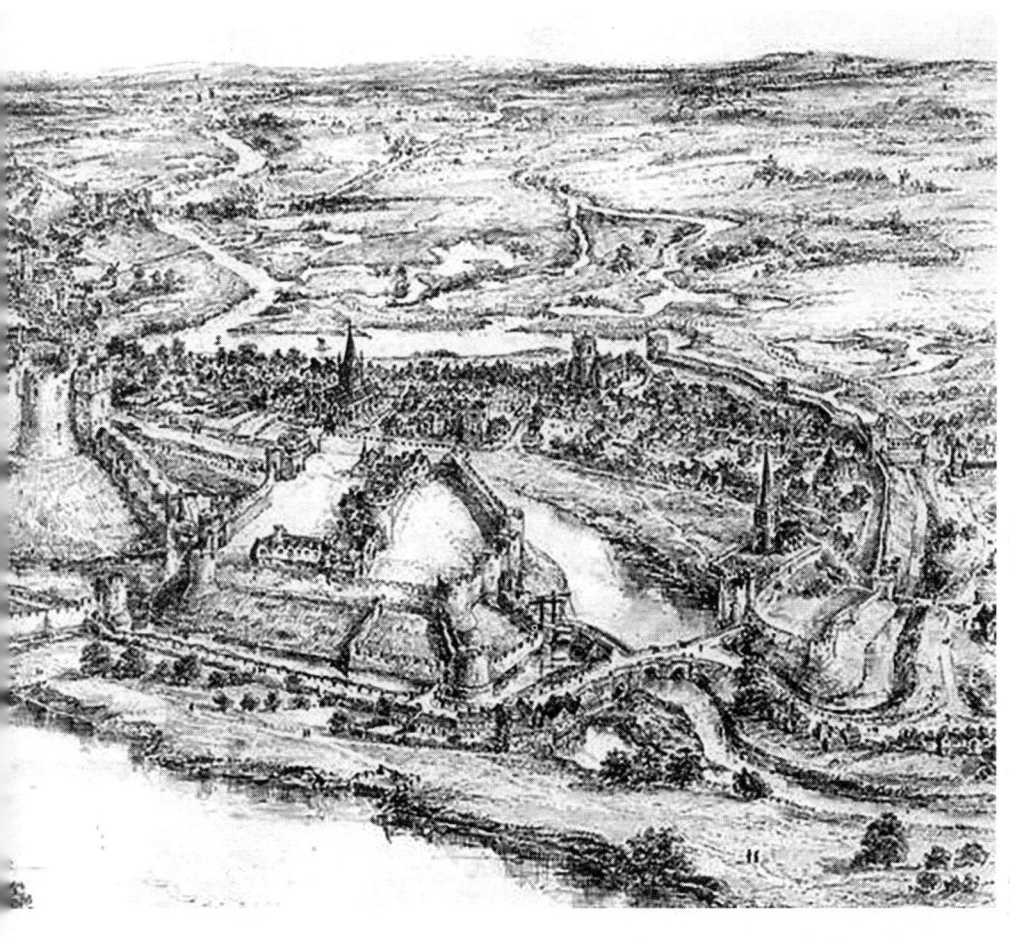

欢庆游行。所有民众大喊着："亨利国王来了！亨利国王来了！他是那么的英俊神气！"但叛军仍未死心。在亨利七世庆祝圣乔治日的仪式上，叛军计划暗杀亨利七世并差点儿成功。幸好诺森伯兰伯爵亨利·珀西及时赶到，阻止了暗杀行动并处决了部分叛徒。

按照叛军的计划，在弗朗西斯·洛弗尔勋爵拿下约克的同时，斯塔福德家族应迅速占领伍斯特。但他们的所有计划都落空了：弗朗西斯·洛弗尔勋爵被手下抛弃后连夜逃往兰开夏郡，斯塔福德兄弟则逃向了阿宾顿附近的卡勒姆。作为叛国者，他们无法享有避难特权，最终全部落网。在泰伯恩刑场，汉弗莱·斯塔福德被绞死，他的弟弟托马斯·斯塔福德因被哥哥引诱加入反叛行动而获得赦

格洛斯特

免。亨利七世从约克赶往伍斯特。在圣灵降临节,亨利七世在伍斯特聆听了约翰·阿尔科克主教的布道。布道快结束时,约翰·阿尔科克主教宣布了教皇英诺森八世的诏书,批准了亨利七世的婚姻和执政权利。随后,亨利七世又巡视了赫里福德、格洛斯特和布里斯托尔,受到当地民众的热烈欢迎,尽管格洛斯特并没有像其他城镇那样举办欢庆游行。在布里斯托尔,亨利七世详细地询问市长和市议员当地人贫穷的原因,他们回答因为前几年该地损失了大量船只及其装载的货物。亨利七世鼓励布里斯托尔的市长和市议员建造新的船只并承诺将提供帮助。亨利七世的表态赢得了布里斯托商人的好感。布里斯托尔市长表示当地已经有一百多年没有接受过来自国王的援助了。亨利七世的安慰并不是无心之言。对布里斯托尔的繁荣,他确实很感兴趣。在他对当地商业的鼓励下,布里斯托尔变得繁荣起来。亨利七世从不忽视对统治有利的小事,也从未有英格兰的国王像他那样仔细调查和评估过国家资源。

1486年6月,亨利七世乘船回到伦敦的威斯敏斯特。在帕特尼,亨利七世受到当地市长和市民的热烈欢迎,当地民众还乘坐驳船一路追随着他。在帕特尼短暂停留后,他又前往西边打猎并把王后带到温彻斯特。1486年9月20日,在他们结婚八个月后,伊丽莎白王后诞下伶俐可爱、活力十足的阿瑟·都铎王子。期

阿瑟·都铎王子

盼英格兰早日结束纷争的人民都因阿瑟·都铎王子的诞生而欢呼雀跃。当时的诗人们都赞颂以传奇的亚瑟王命名的阿瑟·都铎王子将会带领英格兰王国走向复兴。

此时,仍有一件悬而未决的要事——约克的伊丽莎白的王后加冕礼,但该仪式还要推迟一阵子方能举行。

第 4 章

兰伯特·西姆内尔之乱

精彩看点

兰伯特·西姆内尔的身世——爱尔兰对兰伯特·西姆内尔的支持——林肯伯爵约翰·德·拉·波尔出逃——加强海岸巡访——亨利七世与约克的伊丽莎白完婚——林肯伯爵约翰·德·拉·波尔加入兰伯特·西姆内尔的队伍——颁布严厉禁令打击约克家族余党——斯托克战役——与苏格兰进行和平谈判——成立星室法庭——伊丽莎白王后加冕——理查德·埃奇库姆爵士前往爱尔兰——爱尔兰贵族的暂时臣服

与前辈学者相比，现代历史学家就扑朔迷离的"国家奇案"兰伯特·西姆内尔的反叛案没有提供任何新的信息。亨利七世登基后的第二年，兰伯特·西姆内尔作为罪魁祸首，发动叛乱。叛乱的背景十分明了，刚刚登基的亨利七世缺乏统治经验，与此同时约克家族的余党仍不死心。爱德华四世的儿子爱德华五世和约克公爵什鲁斯伯里的理查德被关进伦敦塔后命运扑朔迷离，有谣言说两位王子仍然活着，甚至有人怀疑刚被关押进伦敦塔的沃里克伯爵爱德华·金雀花已经遭到亨利七世秘密处决。正是在这种情况下，一位名为理查德·西蒙的牛津神父决定让自己的学生兰伯特·西姆内尔假扮约克家族的小王子。兰伯特·西姆内尔是托马斯·西姆内尔的儿子，当时才刚过十岁。根据议会法案记载，托马斯·西姆内尔是牛津工人，而在另一份文件中他的职业是制造管风琴的木匠。就连当时的历史学家伯纳德·安德烈也无法确定兰伯特·西姆内尔父亲的职业到底是什么。虽然兰伯特·西姆内尔出身神秘，但他无疑是一个聪明好学的小伙子。起初他被要求扮演传说已经遭到处决的小王子约克公爵什鲁斯伯里的理查德，但因为约克公爵什鲁斯伯里的理查德已经遭受谋杀的谣言甚嚣尘上，所以由他来扮演其他角色更加稳妥。为避免事情败露，理查德·西蒙神父迅速将他的学生带到爱尔兰并声称他的学生是克拉伦斯公爵乔治·金雀花的儿子沃里克伯爵爱德华·金雀花，最近刚从伦敦塔逃出来。

爱德华五世和约克公爵什鲁斯伯里的理查德被关在伦敦塔

　　爱尔兰人对约克家族一贯坚定的支持及不拘小节的性格使他们没有经过核查就热情地接待了兰伯特·西姆内尔。在统治初期，亨利七世对爱尔兰的影响微弱，因为他没能除掉在爱德华四世和理查三世期间一直担任爱尔兰总督的基尔代尔伯爵杰拉尔德·菲茨杰拉德，但也有证据表明亨利七世采取谨慎策略是为了避免战争。他派遣约翰·埃斯特里特前去爱尔兰邀请基尔代尔伯爵杰拉尔德·菲茨杰拉德，并许诺将与基尔代尔伯爵杰拉尔德·菲茨杰拉德共同商讨合作事宜。基尔代尔伯爵杰拉尔德·菲茨杰拉德提出的条件是由他继续担任九到十年总督。亨利七世同意了他的条件，但希望由爱尔兰的收入或其他财政来源负担亨利七世每年一千英镑的收入。

我们无法确定兰伯特·西姆内尔登陆爱尔兰之前基尔代尔伯爵杰拉尔德·菲茨杰拉德是否收到了亨利七世的回复，但他显然对这一回复并不满意。因为基尔代尔伯爵杰拉尔德·菲茨杰拉德和其他爱尔兰贵族都决定支持假冒沃里克伯爵爱德华·金雀花的兰伯特·西姆内尔。在都柏林城堡，兰伯特·西姆内尔受到极高的待遇，1487年5月24日，在都柏林的基督大教堂，兰伯特·西姆内尔加冕为爱德华六世，全爱尔兰民众为此欢呼雀跃。在爱尔兰，无人承认亨利七世的权威，主教、贵族、法官和高级官员都向假冒者表明忠心。

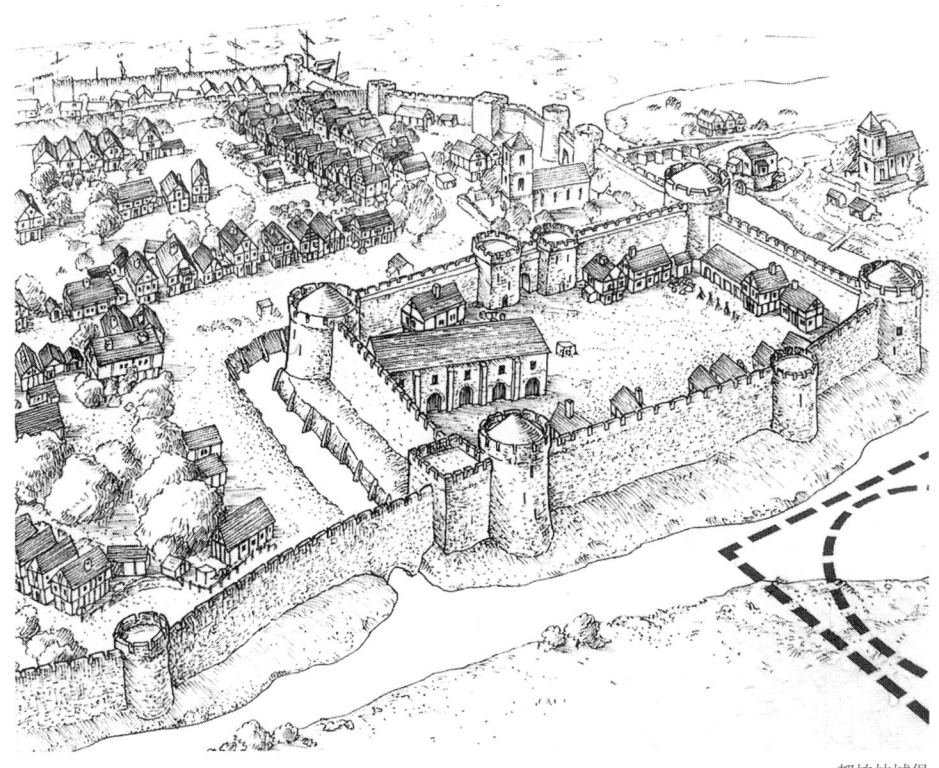

都柏林城堡

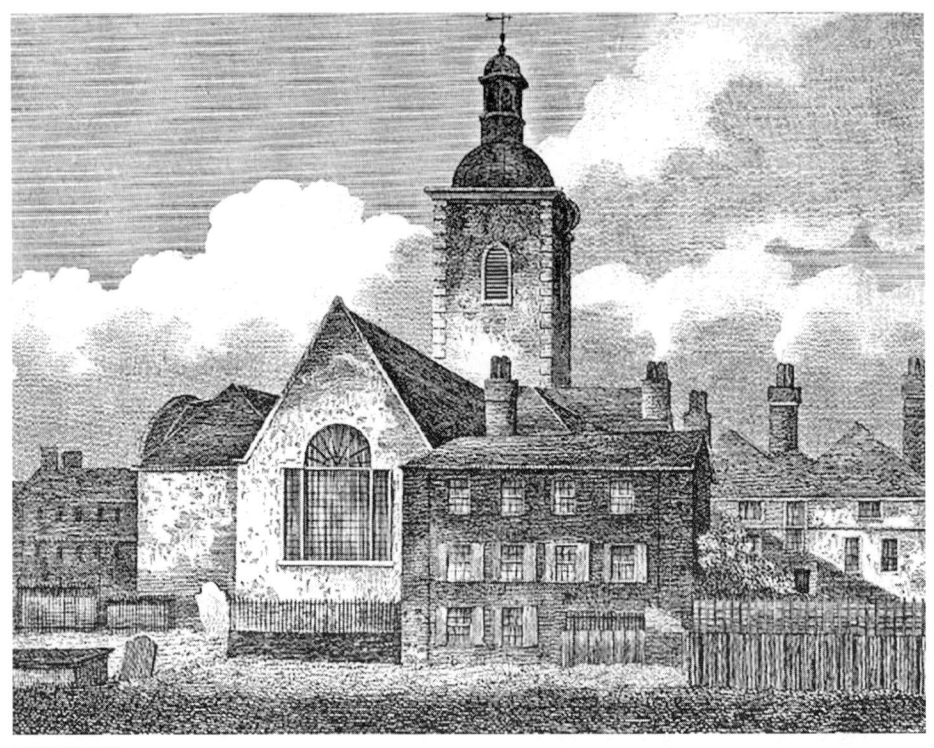

柏蒙西修道院

在爱尔兰逐步升级的阴谋没能逃过亨利七世的眼睛。1487年2月的圣烛节刚过，亨利七世召开大议会并通过关于爱德华四世遗孀伊丽莎白·伍德维尔王后的神秘决议，此时她的女儿约克的伊丽莎白已经成为英格兰王后。没有确切证据表明伊丽莎白·伍德维尔王后参与罢黜她丈夫的阴谋行动，但她的反复无常和轻率却为对手帮了大忙。亨利七世下令剥夺一年前还给她的应得遗产，命令她隐居在柏蒙西修道院。在那里，伊丽莎白·伍德维尔王后可以久居并得到四百马克的津贴。随后，亨利七世又把这一金额修改为四百英镑。处在隐居状态中的伊丽莎白·伍德维尔王后只在某些特殊场合露面。几年后，她就离开了人世。她是一位命运悲惨且了无希望的女人。随后，约克的伊丽莎白王后继承了她的遗产。

英格兰议会的另一项决议也导致一位贵族出逃，他后来成为该事件的关键人物。此人就是林肯伯爵约翰·德·拉·波尔。他是萨福克公爵约翰·德·拉·波尔和爱德华四世妹妹约克的伊丽莎白的长子，在亨利七世入侵英格兰前，曾被理查三世指定为王位继承人。亨利七世顺利登基自然令林肯伯爵约翰·德·拉·波尔觉得无比失望，而英格兰议会刚通过的决议更增强了他认为自己将会以谋反罪遭到逮捕的预感。林肯伯爵约翰·德·拉·波尔通过海路逃跑到佛兰德斯并找到弗朗西斯·洛弗尔勋爵，告诉他沃里克伯爵爱德华·金雀花就在爱尔兰，自己是跟沃里克伯爵爱德华·金雀花见面协商后偷偷逃走的。此次会面为后续的谋反行动拉开序幕。在佛兰德斯，心怀不满的约克家族得到了身为勇敢者查尔斯的遗孀和林肯伯爵约翰·德·拉·波尔姨母的勃艮第公爵夫人约克的玛格丽特的同情和支持。勃艮第公爵夫人约克的玛格丽特正企图推翻亨利七世

林肯伯爵约翰·德·拉·波尔的纹章

的统治,复辟约克家族的统治。冒名顶替者兰伯特·西姆内尔仅仅是她谋反计划的一个工具,她的真正目的是将林肯伯爵约翰·德·拉·波尔推上王位。

与此同时,亨利七世也敏锐地察觉到暗流涌动。他下令让沃里克伯爵爱德华·金雀花在某个星期日离开伦敦塔并在街上闲逛,确保圣保罗大教堂的每个人都能看到他。随后,亨利七世下达针对所有罪犯的大赦令,甚至包括秘密谋反者。他要求加紧对所有海岸线的防控,此举不仅为防止有人逃走,更是为预防东海岸附近的入侵行动。除此之外,1487年4月7日下午,他还下令点亮诺福克、萨福克和埃塞克斯的灯塔。为确保以上地区不会参加叛乱行动,亨利七世决定对这些地区展开巡查。为防止来自爱尔兰或佛兰德斯的入侵者,1487年年中,贝德福德公爵贾斯珀·都铎和牛津伯爵约翰·德·维尔陪伴亨利七世离开伦敦对以

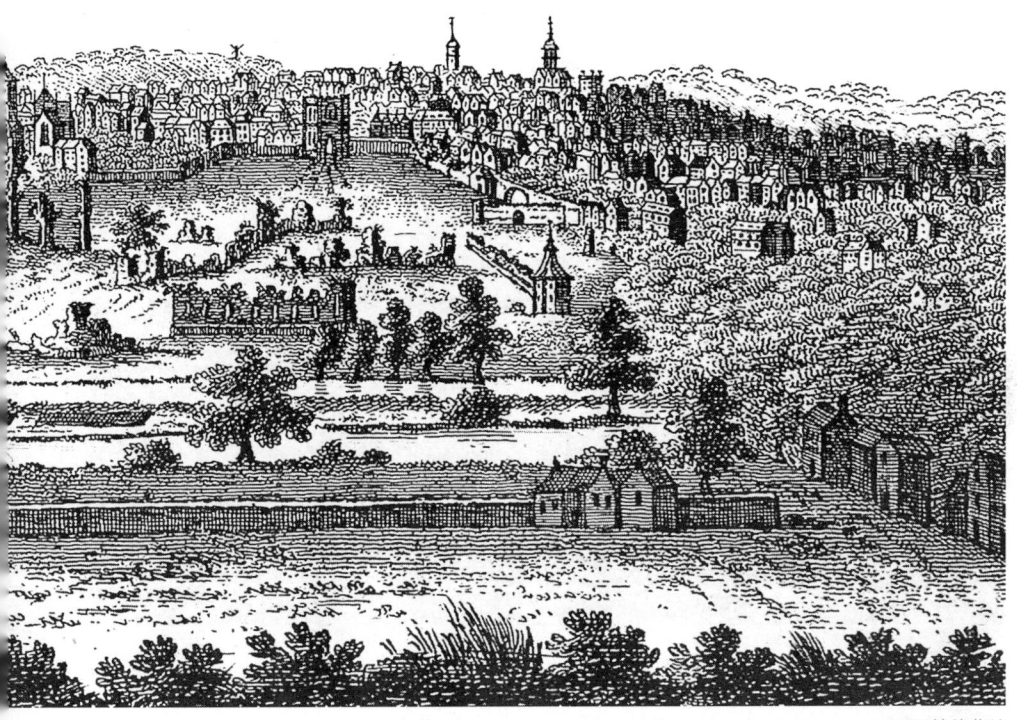

贝里圣埃德蒙兹

上三地展开巡查。在贝里圣埃德蒙兹,亨利七世了解到多塞特侯爵托马斯·格雷得知母亲爱德华四世的遗孀伊丽莎白·伍德维尔王后的遭遇后阵脚大乱。伊丽莎白·伍德维尔亲自来向亨利七世解释儿子多塞特侯爵托马斯·格雷在法兰西的反叛举动,试图洗清他的嫌疑。考虑到混乱的局势,亨利七世认为最好先让牛津伯爵约翰·德·维尔把多塞特侯爵托马斯·格雷关押在伦敦塔内,也是为了"试探他的底细和磨炼他的耐性"。亨利七世觉得如果多塞特侯爵托马斯·格雷的确是忠诚的,那么就能忍受被关押的痛苦;如果多塞特侯爵托马斯·格雷确实打算谋反,则正好可以防止他肆意捣乱。在诺里奇,亨利七世庆祝了复活节。1487年4月16日,复活节翌日,他出发前往著名的沃尔辛厄姆神殿。

考文垂

在沃尔辛厄姆神殿朝拜后,亨利七世一路向西朝着英格兰中部前进。在一周内,亨利七世就抵达了考文垂,正好赶上庄严肃穆的圣乔治圣宴。在坎特伯雷大教堂内,坎特伯雷大主教约翰·莫顿带领着其他五位主教及许多神职人员肃穆地宣读了教皇英诺森八世同意亨利七世和王后约克的伊丽莎白通过婚姻取得王权的布告。读完后,所有在场的神职人员赫然大怒,一致反对教皇英诺森八世的声明。与此同时,从勃艮第公爵夫人约克的玛格丽特那里,林肯伯爵约翰·德·拉·波尔和弗朗西斯·洛弗尔勋爵得到两千名经验丰富的神圣罗马帝国士兵,这支武装由一位经验丰富的上尉马丁·斯沃特带队。他们打算加入兰伯特·西姆内尔的队伍并计划在1487年5月5日登陆英格兰。听到消息时,亨利七世还在考文垂。他召集了大部分南方贵族协助和保护自己。随后,亨利七世将贵族们遣返回辖区招兵买马,其中几位贵族选择留守,但也传信他们的领地已做好战斗准备。安排妥当后,亨利七世前往凯尼尔沃斯,通知奥蒙德伯爵托马斯·布特勒将王后约克的伊丽莎白和亨利七世的母亲玛格丽特·博福特带来。叛军在弗内斯丘原附近的兰开斯特郡登陆的消息很快扩散开来,亨利七世立刻召集议会商讨战事。在会上,牛津伯爵约翰·德·维尔主动请缨指挥皇家军队。

面对内战即将卷土重来的威胁,亨利七世下定决心中止战争,这种使整个国家都饱受其苦的凶暴行为。根据坎特伯雷大主教约翰·莫顿和埃克塞特主教理查德·福克斯等人的建议,亨利七世颁布了一项严厉的公告。公告规定抢劫教

神圣罗马帝国士兵

诺丁汉

堂、强奸民女和强买强卖商品的行为都将被处以死刑。不经亨利七世准许，随意寄宿他人家中会被监禁，或根据亨利七世的指令受到其他惩罚。整个军队都严厉地执行了新颁布的规定，军队经过的仓库、监狱等地都挤满了流浪汉和罪犯。此后，亨利七世和随从军队十分顺利地抵达诺丁汉。在诺丁汉，一大批由德比伯爵托马斯·斯坦利的儿子斯特兰奇男爵乔治·斯坦利带领的部队，与亨利七世及其随从军队一同前往纽瓦克。经过斯托克时，亨利七世的军队与叛军相遇，激烈的战斗过后叛军最终被击败。

在兰开斯特郡，叛军顺利登陆并获得托马斯·布劳顿爵士的大力支持。一批为协助兰伯特·西姆内尔篡权而临时拼凑的爱尔兰和神圣罗马帝国杂牌军加入

了叛军的队伍。但叛军误判了当地民众的支持度，因此，只能转向约克并期待获得约克家族的支持。但约克民众态度冷淡，之前在约克郡的起义失败使弗朗西斯·洛弗尔勋爵不再获得约克民众的支持。由托马斯·菲茨杰拉德（基尔代尔伯爵的弟弟）带领的野蛮的爱尔兰人和由马丁·斯沃特带领的训练有素的神圣罗马帝国雇佣兵处处引发民愤。在约克郡受挫后，这支武装一路向南赶往纽马克，计划在那里起义。然而，在斯托克，他们遭遇了惨败。爱尔兰人虽然英勇但武装简陋，因此人员损失惨重。幸存的士兵也不过是在苟延残喘。叛军领袖林肯伯爵约翰·德·拉·波尔、弗朗西斯·洛弗尔勋爵、马丁·斯沃特和托马斯·布劳顿爵士或战死沙场，或离奇失踪。传言弗朗西斯·洛弗尔勋爵逃走后隐居在某地，甚至有

纽卡斯尔

人说18世纪初，在牛津郡的一个废弃房间，发现过他的尸体。兰伯特·西姆内尔和他的老师理查德·西蒙神父被抓捕并投入监狱，考虑到前者不过是个孩子，亨利七世宽容大量地没有判他死刑，而是安排他去王室厨房干活。作为始作俑者，理查德·西蒙神父被判处终身监禁。

大获全胜的亨利七世前往林肯郡，并在这里进行感恩祈祷。随后，他朝北行进，沿途通过举行军事法庭，或其他方式大肆审判与叛军有关的人员。凡对叛军态度友善、表露同情或四处传播谣言的人都被投入审判。那些稍微表露恻隐之心的人也被处以罚金，情节严重者则被判处死刑。经过约克后，亨利七世抵达纽卡斯尔。他派埃克塞特主教理查德·福克斯和理查德·埃奇库姆爵士拜访苏格兰国王詹姆斯三世。此时，詹姆斯三世与亨利七世想法相同，不想再次卷入战争。随后，苏格兰和英格兰达成一项为期三年的停战协议，驻苏格兰王国的英格兰大使试图通过三桩婚事维持两国的长久和平。三桩婚事包括：苏格兰国王的二儿子奥蒙德侯爵詹姆斯和爱德华四世的三女儿约克的凯瑟琳的婚事；苏格兰国王詹姆斯三世和爱德华四世遗孀伊丽莎白·伍德维尔王后的婚事，这显然是亨利七世一手策划的，目的既为宽慰岳母又为从她那里收取罚金；还有苏格兰王位法定继承人罗思赛公爵詹姆斯·斯图亚特和爱德华四世某位女儿之间的婚事，具体人选还没有确定。苏格兰方面全部同意了三门婚事，但只接受最多两个

罗思赛公爵詹姆斯·斯图亚特

詹姆斯三世

月的休战延长期。最终,英格兰为谋求和平所做的努力全部泡汤,联姻事宜也因苏格兰贵族造反和詹姆斯三世去世不了了之。

1487年秋,亨利七世赶回伦敦操办拖延已久的王后加冕礼并召集第二次议会。途中,在莱斯特,他接见了查理八世的大使——他们前来是为解释法兰西国王下令攻击布列塔尼的行为,他们害怕亨利七世会因此不悦。1487年11月3日,亨利七世回到伦敦,受到民众如迎接凯旋的英雄般的热烈欢迎。1487年11月9日,英格兰议会召开,主要议题是剥夺叛军的财产和权利并对重刑犯和轻罪者处以惩罚。此次议会中的一次集会最终发展成臭名昭著的星室法庭。星室法庭的名字来自枢密院经常召开法庭的大厅名称，相关法令赋予枢密院成员法律审判权。星室法庭的设立具有现实意义，其主要目的是限制大贵族滥用私权。除了结党营私和密谋叛乱这两大罪过以外，在内战期间，当时的大贵族还作壁上观，控制了各地的郡都、陪审团和全国的司法管理体系，严重地破坏了司法独立。星室法庭旨在削弱大贵族的权力，通过增加司法系统里的上议院议员、枢密院议员与法官来加强自身的法律权威。此外，英格兰议会还通过了一项国防津贴。

1487年11月25日星期日，举行王后加冕礼，为弥补前期的拖延，王后加冕礼极尽豪华奢侈。早在两天前，游行和庆祝活动就开始举行，直到王后加冕礼后的两天才结束。据说要不是议会有要事要讨论，王后加冕礼可能还会继续推迟。有人认为要事指的是限制贵族权力，因为议会需要赶在圣诞节放假前通

星室法庭

过相关决议。但实际上,要事指的是法兰西王国对布列塔尼公国的入侵,下一章我们将会详细解读此事。正是在法兰西王国入侵布列塔尼公国后,英格兰议会才通过关于国防津贴的提案。此外,英格兰议会还顺利通过对工匠征收重税的决定(本国的工匠需要上缴六到八便士的税金,而外国工匠缴税的金额更高)。

这时,英格兰已经基本实现和平稳定,但对亨利七世来说,爱尔兰仍是一枚定时炸弹。爱尔兰经常卷入英格兰各派争斗和外国阴谋,但让整个爱尔兰承担背叛的罪名并不合理。因此,几个月后,亨利七世决定不再因兰伯特·西姆内尔的叛乱而惩罚爱尔兰民众。1488年6月,亨利七世派遣理查德·埃奇库姆爵士前

蒙特湾

往爱尔兰宣布自己的命令：亨利七世将接受拥戴者表示忠诚的宣誓，但曾经的叛乱者会受到严厉惩罚。

一位健壮的康沃尔郡人曾参与叛乱。在被追捕时，他将帽子丢入河里，成功地迷惑了追捕者并逃走。从中，我们可以猜测理查德·埃奇库姆爵士奉命前往爱尔兰完成任务的过程十分艰辛。1488年6月23日，从康沃尔郡的蒙特湾出发后，理查德·埃奇库姆爵士便遭遇海盗追击。最终，1488年6月27日，理查德·埃奇库姆爵士抵达金塞尔。在那里，他接受了托马斯·巴里勋爵对亨利七世的宣誓效忠并在詹姆斯·库西勋爵的请求下登陆爱尔兰。随后，理查德·埃奇库姆爵士前往沃特福德，当地民众对亨利七世十分忠诚（这里临近海港是英格兰人远征时经常选择的登陆地）。沃特福德市长詹姆斯·赖斯带领理查德·埃奇库姆爵士通过城墙和堡垒，告诉他当地人民对亨利七世十分忠诚，并恳求他帮助沃特福德人抗击旧日对手基尔代尔伯爵杰拉尔德·菲茨杰拉德。此时，沃特福德当地人已经得知亨利七世赦免了基尔代尔伯爵杰拉尔德·菲茨杰拉德的消息。理查德·埃奇库姆爵士向詹姆斯·赖斯市长保证，亨利七世一定会保护当地人的利益。随后，他继续向北前进，经过一段艰苦的旅程后在兰贝岛停泊。他派出一位信使去都柏林打探风声。信使回复他几天前基尔代尔伯爵杰拉尔德·菲茨杰拉德就外出朝拜。因此，理查德·埃奇库姆爵士在马拉海德登陆。他受米斯郡主教约翰·佩恩邀请前往都柏林。米斯郡主教约翰·佩恩曾积极推动兰伯特·西姆内尔加冕，如今急于向亨利七世展示忠诚。理查德·埃奇库姆爵士在此地住下，等待基尔代尔伯爵杰拉尔德·菲茨杰拉德朝拜归来。其间，他还接受了都柏林大主教沃尔特·菲茨西蒙斯和爱尔兰财政大臣波特莱斯特男爵罗兰·费特兹斯坦的归顺，他们也曾追随过兰伯特·西姆内尔。最终基尔代尔伯爵杰拉尔德·菲茨杰拉德带领二百人马回到圣托马斯法院。在都柏林的城墙外，理查德·埃奇库姆爵士将亨利七世的口信传给了基尔代尔伯爵杰拉尔德·菲茨杰拉德。基尔代尔伯爵杰拉尔德·菲茨杰拉德表示他需要时间先跟爱尔兰议会的议员们就亨利七世口信进行讨论，随后才能做出决定。随后，他返回了梅努斯城堡。

1488年7月13日下午，在基督大教堂，理查德·埃奇库姆爵士要求米斯郡主教约翰·佩恩公布教皇英诺森八世关于将部分反叛者逐出教会，以及亨利七世关于赦免自愿归顺人员的公告。应基尔代尔伯爵杰拉尔德·菲茨杰拉德的要求，理查德·埃奇库姆爵士前去梅努斯拜访他，期待能得到让亨利七世满意的答复。但不管是在梅努斯还是在都柏林，理查德·埃奇库姆爵士都没能从基尔代尔伯爵杰拉尔德·菲茨杰拉德口中得到任何不再作乱的保证。基尔代尔伯爵杰拉尔德·菲茨杰拉德和爱尔兰的贵族们都口头答应臣服于亨利七世，但他们不愿在法律上被视为爱尔兰的普通民众。得知苏格兰国王詹姆斯三世去世的消息后，理查德·埃奇库姆爵士害怕引起更多骚乱。因此，理查德·埃奇库姆爵士同意让爱尔兰人在圣礼上宣誓来表示忠诚，却遭到很多人的反对。最终，1488年7月21日，在圣托马斯法院，基尔代尔伯爵杰拉尔德·菲茨杰拉德和爱尔兰的贵族们宣誓效忠亨利七世。因此，他们免于被驱逐出教会。理查德·埃奇库姆爵士将亨利七世制服上的衣领戴在了基尔代尔伯爵杰拉尔德·菲茨杰拉德的脖子上。基尔代尔伯爵杰拉尔德·菲茨杰拉德承诺在城中公开亮相时一定会穿戴上它。

随后，理查德·埃奇库姆爵士抵达德罗赫达和特里姆，并接受两个城镇的归顺。随后，他回到都柏林接受了许多爱尔兰绅士的效忠。尽管基尔代尔伯爵杰拉尔德·菲茨杰拉德极力恳求理查德·埃奇库姆爵士接受爱尔兰民事诉讼法院首席大法官托马斯·普兰基特和吉尔曼哈姆修道院院长詹姆斯·基廷爵士的归顺——他俩曾是兰伯特·西姆内尔叛乱的主要支持者。理查德·埃奇库姆爵士依然坚决地拒绝了基尔代尔伯爵杰拉尔德·菲茨杰拉德的请求。经过调解之后，理查德·埃奇库姆爵士接受了爱尔兰民事诉讼法院首席大法官托马斯·普兰基特的效忠，但将吉尔曼哈姆修道院院长詹姆斯·基廷爵士撤职。1488年7月30日，任务圆满完成后，理查德·埃奇库姆爵士从多基出发返回英格兰。

多基

理查德·埃奇库姆爵士的爱尔兰之行,使得爱尔兰当地的首领再次承认亨利七世,并臣服于亨利七世的权威,但爱尔兰仍然掌握在那些以前积极参加叛乱的人的手上。因此我们可以预言,爱尔兰未来一定会再起波澜。

第 5 章

布列塔尼战役

精彩看点

查理八世入侵布列塔尼——调停法兰西与布列塔尼的矛盾——布列塔尼女公爵安妮的婚事——派军保卫布列塔尼——布列塔尼统治层内部的矛盾——马克西米利安一世其人其事——法军大溃退——英格兰人对战争赋税的不满——法兰克福合约——拒绝从布列塔尼撤军——罗马教廷调解英法矛盾——布列塔尼休战协商失败——马克西米利安一世与布列塔尼女公爵安妮荒唐的婚姻——法军占领南特——布列塔尼女公爵安妮与查理八世完婚

前文提到1487年9月，在南下前往伦敦的路上，亨利七世收到了法兰西国王查理八世送来的消息，内容主要是解释法兰西王国向布列塔尼公国的进攻行为。布列塔尼公国的独立性一直饱受威胁，它是最后一块臣服法兰西王国却长期以来保持独立状态的封建领地。查理八世下定决心要完成他的父亲路易十一吞并布列塔尼公国的计划。布列塔尼公爵弗朗西斯二世的身体状况每况愈下，

布列塔尼公国的国徽

奥尔良公爵路易二世

更是让查理八世跃跃欲试。法兰西王国以布列塔尼公爵弗朗西斯二世曾为法兰西王室继承人奥尔良公爵路易二世提供避难所为借口,向布列塔尼公国发起进攻。在查理八世尚未成年时,奥尔良公爵路易二世曾争夺过王位。他也曾武装反抗摄政王博热夫人法兰西的安妮,并企图将布列塔尼公国变成对抗法兰西王国的大本营。奥尔良公爵路易二世曾跟一心想娶布列塔尼公国女继承人——布列塔尼女公爵安妮的神圣罗马帝国皇帝①马克西米利安一世组成联盟。佛兰德斯的贵族却拒绝与马克西米利安一世结盟，因此，此时布列塔尼公国并没有真正的保护者。除了亨利七世对布列塔尼公爵弗朗西斯二世肩负的道义责任，英格兰王国也强烈反对法兰西王国吞并布列塔尼公国的计划。一旦法兰西王国控制

马克西米利安一世

---

① 这时马克西米利安一世的头衔实际上是"罗马国王"（King of Romans），本书将他的头衔统一为"神圣罗马帝国皇帝"。

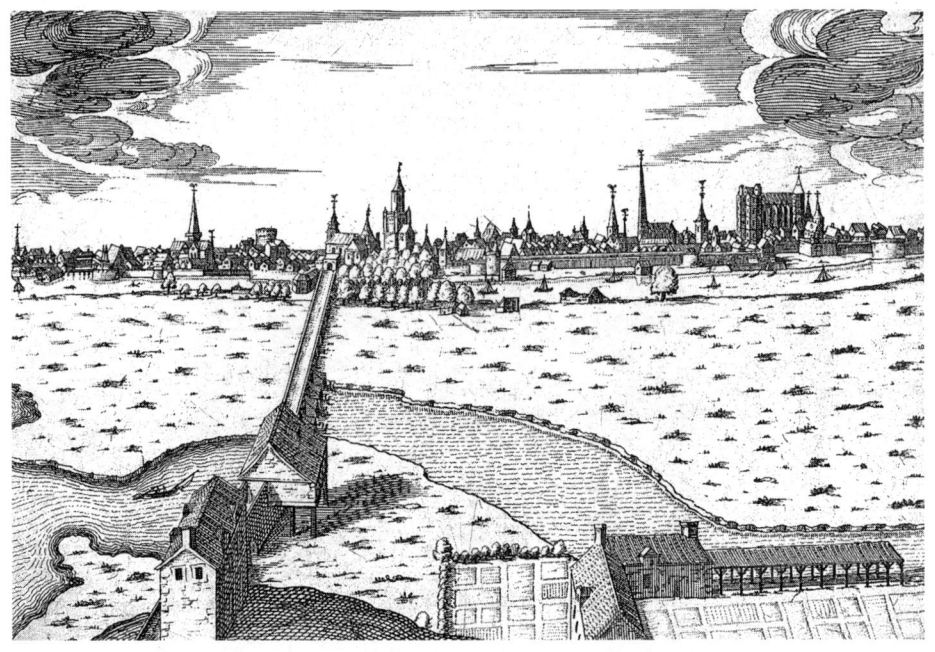

南特

了英吉利海峡南部的港口，英格兰王国就面临与法兰西王国陷入战争的危险。此外，英格兰王国一向对法兰西王国虎视眈眈，只要英格兰国王下令远征法兰西，英格兰王国的军队就可以随时进攻和掠夺法兰西。这时，法兰西王国只能眼睁睁地看着劲敌英格兰王国不断扩张，心中难免充满沮丧。

　　法兰西王国的军队不仅入侵了布列塔尼公国，还包围了在南特的布列塔尼公爵弗朗西斯二世。为了平复英格兰王国的不满，在告知亨利七世有关消息后，法兰西军队就迅速解除围困。亨利七世不想和法兰西王国闹僵，他对法兰西国王和布列塔尼公爵弗朗西斯二世都怀有感激之情。亨利七世想从中调解矛盾。1488年春，他向双方都派遣了大使并规劝他们尽力恢复关系。但他知道鼓励协商更符合法兰西王国的利益，并且会加快法兰西王国侵占布列塔尼公国的脚步。英格兰议会的某些议员强烈建议亨利七世动用武力干涉。然而就在议会举行中，怀特岛的统治者爱德华·伍德维尔勋爵（他是爱德华四世遗孀的弟弟和伊丽莎白王后的叔叔）不顾亨利七世的立场带人前往布列塔尼，并加入当地军队。

他的行为让法兰西王国极其恼火,就连英格兰王国驻法兰西王国大使也倍感愤怒。亨利七世坚决否定此行为,法兰西王国接受了他的说辞并继续参与协商。事情的偶然变化为法兰西王国增添了优势,也中立化了布列塔尼公国从英格兰王国获得的援助。1488年7月14日,亨利七世和法兰西王国在温莎签署休战协议,休战时间从1489年1月17日到1490年1月17日。对布列塔尼公国的危急处境,亨利七世没有表明态度,休战协议中也没有提到布列塔尼公国的归属问题。亨利七世既不愿单枪匹马出面干涉布列塔尼局势,也不愿意与神圣罗马帝国皇帝马克西米利安一世结盟,介入布列塔尼的事务,因为亨利七世认为神圣罗马帝国皇帝马克西米利安一世只会逞匹夫之勇,却无作战实力。亨利七世在等待天主教徒阿拉贡国王斐迪南二世的反应。为了自身利益,天主教徒阿拉贡国王斐迪南二世

阿拉贡国王斐迪南二世

圣奥宾战役

急切地想把英格兰王国拖下水，与法兰西王国开战。正当所有反法势力都在等待导火索出现时，法兰西王国对布列塔尼公国发起进攻。1488年7月28日，停战协议签署两周后发生的圣奥宾战役极大地削弱了布列塔尼公国的军事实力。奥尔良公爵路易二世和一大批为布列塔尼公国而战的杰出首领被捕入狱，包括爱德华·伍德维尔勋爵及其英格兰的追随者在内的六千多人惨遭杀害。迪南和圣马洛的战役，布列塔尼公国的军队也遭遇大败。尽管在雷恩，布列塔尼公国的军队仍在顽强抵抗，但1488年8月21日，被迫宣布投降。1488年9月11日，布列塔尼公国布列塔尼公爵弗朗西斯二世去世。

这时，英格兰王国十分警惕。受停战协议约束，此时，英格兰王国无法出面干涉和拯救四分五裂的布列塔尼公国。英格兰王国对本国军队在布列塔尼遭遇的不幸耿耿于怀，期望一雪前耻。对英格兰王国以前的干涉行为，法兰西王国也心怀不满。和平显然难以维系，最终，在巧妙地拖延了一段时间后，亨利七世下定决心。布列塔尼公爵弗朗西斯二世没有儿子，只有两个女儿，其中继承人大女儿布列塔尼女公爵安妮才十二岁。马克西米利安一世打算向她求婚，亨利七世也向她提议与年轻的白金汉公爵爱德华·斯塔福德结婚。此时，白金汉公爵爱德华·斯塔福德的父亲亨利·斯塔福德已遭到理查三世处决。亨利七世甚至派出一名大使前往布列塔尼商讨此事。亨利七世还要求西班牙王国驻英格兰王国大

白金汉公爵爱德华·斯塔福德

伊莎贝拉一世

使给天主教徒阿拉贡国王斐迪南二世和王后卡斯蒂尔的伊莎贝拉一世写信，以此表达英格兰王国希望与西班牙王国结盟的意愿。西班牙王室回复他们，愿意与亨利七世合作，但也对这桩婚事提出反对。因为这样做会疏远西班牙王室与马克西米利安一世和另一位求婚者阿尔贝的阿兰一世的关系，并失去他们对布列塔尼的支持。出于对西班牙方面意见的尊重，亨利七世收回了自己的建议。他本想通过联姻向布列塔尼女公爵安妮表示自己对布列塔尼的支持。上述行动显示出英格兰和西班牙对布列塔尼公国即将丧失独立地位的焦虑。在劝说亨利七世放弃为白金汉公爵爱德华·斯塔福德和布列塔尼的安妮女公爵安排婚事后不久，天主教徒阿拉贡国王斐迪南二世试图让亨利七世接受自己的儿子唐璜——西班牙未成年的王位继承人娶布列塔尼女公爵安妮。

亨利七世正在为战争做准备，不想贸然挑衅。与法兰西王国签订的停战协议使他不能轻举妄动，他也不想在停战协议期内公然毁约。但布列塔尼女公爵安妮十分急切地希望得到亨利七世的支持，这为亨利七世干涉提供了借口。布列塔尼公爵弗朗西斯二世去世后，查理八世派人向布列塔尼女公爵安妮说明，他愿意遵守1488年8月签订的协议，但自己作为上级封建君主将担任她的监护人。查理八世还要求布列塔尼女公爵安妮在布列塔尼公国的独立问题解决前，不得

布列塔尼女公爵安妮

勃艮第公爵哈布斯堡的菲利普

使用女公爵的头衔。布列塔尼女公爵安妮回复说，自己将会要求布列塔尼的政治集团继续履行协议，但也会请求英格兰提供保护。1488年11月，在威斯敏斯特，亨利七世召集大议会商讨接下来的对策。1488年12月11日，亨利七世分别派人拜访查理八世、布列塔尼女公爵安妮、马克西米利安一世、勃艮第公爵哈布斯堡的菲利普、天主教徒阿拉贡国王斐迪南二世和伊莎贝拉一世。我们不知道亨利七世传达的具体讯息，但可以确定在不触犯英法休战协议的情况下，他已经下定决心保护布列塔尼女公爵安妮。随后，亨利七世立刻下令召集军队前去保卫布列塔尼。为此，1489年2月，英格兰议会为亨利七世提供特殊津贴。

此时，法兰西王国再次入侵布列塔尼公国，并试图招降布列塔尼公国甘冈的守军。1489年1月18日，法兰西王国的军队占领甘冈。1489年2月10日，在勒东，英格兰特使与布列塔尼女公爵安妮签署条约，该条约将于1489年4月1日正式生效。条约规定在诸圣节前，亨利七世将为布列塔尼公国提供六千名武装士兵。作为亨利七世提供援助的条件，在1490年英法休战协议终止后，布列塔尼女公爵安妮必须协助英格兰的计划，收复诺曼底和其他被法兰西王国侵占的领土。布列塔尼必须确保这批武装的安全，大约500名士兵会被立刻派遣到布列塔尼的某些城镇和城堡。布列塔尼女公爵安妮还要负担这批部队回国的费用并承担资金运输过程中可能发生的风险。如果布列塔尼遭到法兰西王国入侵，那么英格兰士兵必须要履行职责，坚守要塞。

然而，给予布列塔尼公国外部援助并抵抗法兰西王国入侵并不难，但加强布列塔尼女公爵安妮的自身实力则非易事。这时，在让·里厄元帅的监护下，布

让·里厄元帅

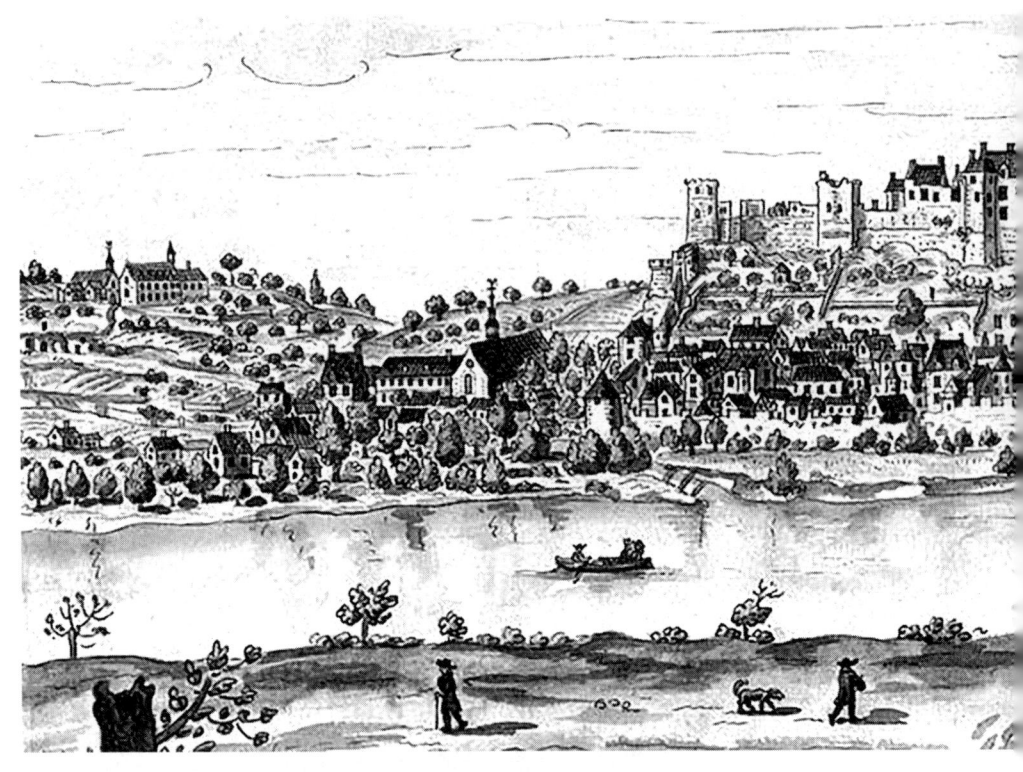

列塔尼女公爵安妮凡事都需要征得他的同意。让·里厄元帅只能支持布列塔尼女公爵安妮和权势极大的纳瓦拉国王约翰三世的父亲加斯科尼的贵族阿尔贝的阿兰一世结婚,因为阿尔贝的阿兰一世可以有力支持她。虽然在布列塔尼女公爵安妮出生前七年,阿尔贝的阿兰一世就已经结过婚的事实并不影响联姻,但布列塔尼女公爵安妮还是不情愿与他结婚。她甚至提出抗议,说宁愿去做修女。她疏远了阿尔贝的阿兰一世和让·里厄元帅,转而信赖迪努瓦伯爵沙隆-阿莱的约翰四世和她的大臣菲利普·德蒙托邦。让·里厄元帅指控他们和法兰西人靠得太近,禁止布列塔尼女公爵安妮及其朋友们一起出入南特。因此,布列塔尼女公爵安妮搬到对她十分忠诚的雷恩,甚至努力劝说她的盟友不要与让·里厄元帅打交道。

　　法兰西国王查理八世收到亨利七世决心协助布列塔尼女公爵安妮的警告后,将桑斯大主教特里斯坦·德·萨拉查派往英格兰。1489年3月,桑斯大主教

希农

特里斯坦·德·萨拉查抵达英格兰。他想和亨利七世私下会面,但被亨利七世拒绝。亨利七世愿意商讨布列塔尼问题,但想用无礼态度让桑斯大主教特里斯坦·德·萨拉查明白,法兰西王国无权干涉布列塔尼公国的内政。发现无法完成查理八世的任务后,桑斯大主教特里斯坦·德·萨拉查返回法兰西王国希农。在桑斯大主教特里斯坦·德·萨拉查觐见查理八世时,按原定计划,由王室事务长罗伯特·威洛比勋爵和御马官约翰·切尼爵士率领的六千名英格兰士兵,已经在布列塔尼登陆。法兰西王国的军队撤退并放火烧了甘冈,但他们并没有强行带走当地居民作为人质。英军很快占领了甘冈。

1489年5月,让·里厄元帅派苏戴克领主前往英格兰向亨利七世传达自己的想法——只要亨利七世支持阿尔贝的阿兰一世和布列塔尼女公爵安妮的婚事,他将协助英格兰军队夺回1453年痛失的领土吉耶讷。对这一提议,亨利七世尽管十分感兴趣,但坚持需要与布列塔尼女公爵安妮的监护人让·里厄元帅进行当面沟通。对此,布列塔尼女公爵安妮十分不满。她的盟友迪努瓦伯爵沙隆-阿莱的约翰四世和菲利普·德蒙托邦唆使她给亨利七世写信表达抗议。事实上,布列塔尼女公爵安妮十分需要亨利七世协助她从让·里厄元帅手中夺回南特。让·里厄元帅不顾她的意愿肆意委任当地官员。亨利七世没能调解好他们的关系,但尽量借助马克西米利安一世的势力协助布列塔尼女公爵安妮。

1489年复活节后不久,亨利七世收到来自1488年12月前往觐见马克西米利安一世和葡萄牙国王约翰二世的英格兰特使的回复。马克西米利安一世向亨利

葡萄牙国王约翰二世

勃艮第女公爵玛丽

七世表示自己急需亨利七世的支持。作为以吝啬闻名的腓特烈三世的儿子,马克西米利安一世拥有的神圣罗马帝国皇帝的头衔,并没有让他获得至高无上的权力。他在欧洲地区事务中的影响力、巨额财富和统治佛兰芒人的权力来自已故妻子勃艮第女公爵玛丽。根特和布鲁日两地只肯承认他的儿子——神圣罗马帝国继承人勃艮第公爵哈布斯堡的菲利普的权威。当时,勃艮第公爵哈布斯堡的菲利普不过十一岁。在母亲去世后,他继承了勃艮第公爵的头衔。根特和布鲁日的贵族控制了年幼的哈布斯堡的菲利普并将他视为傀儡,全然不顾马克西米利安一世的权威。马克西米利安一世试图削弱根特和布鲁日贵族的实力,但他们

根特

获得了法兰西王国的支持。法兰西王国向根特和布鲁日派去由埃斯凯尔德领主菲利普·德·克雷布克(英格兰人将他称为科德思勋爵)率领的军队。马克西米利安一世试图与布鲁日的主要负责人协商并争取支持,最后他和朋友们却被引诱进城。布鲁日当地人杀害了与他同行的几个朋友,并质问他为何要干涉当地人的自由,并无视布鲁日市和法兰西王国签订的协约。通过谨慎的回答,马克西米利安一世安抚了布鲁日人的憎恨情绪,还承诺将宽恕他们的冒犯行为。尽管根特人不满地声称要将马克西米利安一世投入监狱并交给法兰西王国处置,但最终,布鲁日人还是放他离开了。

  人民有权统治国家而君主只是有名无实的理论,在那时就被佛兰芒人接受,英格兰直到一百多年后才普及这套理论。整个欧洲人都为马克西米利安一世遭受的侮辱而愤愤不平,英格兰人尤甚。马克西米利安一世遵守了诺言,但神圣罗马帝国皇帝腓特烈三世对根特和布鲁日宣战,企图洗刷耻辱。作为马克西米利安一世议会中的领军人物,拉文斯坦勋爵克利夫斯的阿道夫曾陪马克西米利安一世一同起誓,后来却被他无情抛弃。马克西米利安一世背信弃义的行为,也许是出于对佛兰芒人固有信念的忠诚,也许是因为他早已被法兰西王国收买。拉文斯坦勋爵克利夫斯的阿道夫占领了伊普尔和斯拉伊斯两地。他加强了两地的军事力量对抗马克西米利安一世。科德思勋爵菲利普·德·克雷布克派了八千名

神圣罗马帝国皇帝腓特烈三世

第 5 章 布列塔尼战役

伊普尔

法兰西士兵前往低地国家，包围迪克斯迈德。此时，加莱面临着被法兰西王国的军队彻底包围的危险。为增强英格兰军队的力量，莫利男爵亨利·洛弗尔向加莱派兵一千人。在加莱中尉贾尔斯·多布尼勋爵的带领下，来自加莱、吉耶讷和哈姆斯的军队秘密潜入佛兰德斯。在纽波特，来自这三地的军队还遇到了前来支援的六千名神圣罗马帝国士兵。第二天早上，他们共同抵达迪克斯迈德，剿灭了围攻者的阵营。胜利的消息让英格兰人欣喜若狂，他们将伤员和战利品送往纽波特，并驱逐了奥斯坦德的法兰西王国军队。但此时，加莱仍然处境危险。之前，在伊普尔，为报复战败而放火烧城的科德思勋爵菲利普·德·克雷布克，下令包围只剩下伤病残将的纽波特。科德思勋爵菲利普·德·克雷布克的军队战斗精神高昂，誓死保卫城墙不被攻破。纽波特民众负隅顽抗，甚至连女人都加入了战斗。最后,他们等到从加莱乘船赶到的英格兰弓箭手军队。科德思勋爵菲利普·德·克雷布克发现自己很难解围,因此不得不放弃攻下加莱的强烈愿望,一路南下撤退到埃丹。

对亨利七世来说,科德思勋爵菲利普·德·克雷布克撤退到埃丹无疑是一个令人欣慰的消息。自登基以来,亨利七世就一直处在紧张不安的状态中。这时,他可以暂时放松。尽管他有意公正地处理法兰西王国与布列塔尼公国的纠纷,但他的外交政策仍引起英格兰人的不满。根据1488年大议会①的决定,1489年,英格兰议会将再次举行会议,并在1489年2月通过了为亨利七世提供军事津贴的法案。根据相关法令,每位英格兰公民都要上缴自己收入或所持土地每年所得利润的十分之一,名下的货物和动产也将被估值并按比例上缴。法令宣称收集资金的目的是为召集一万名弓箭手"与国家的旧敌作战",但最终筹得的资

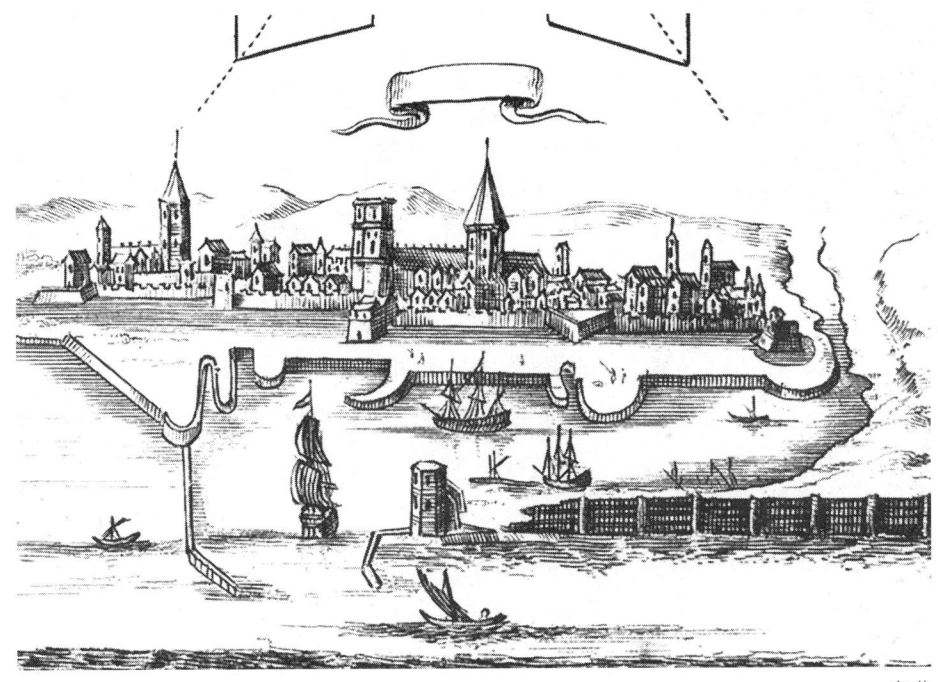

加莱

---
① 大议会(Great Council)是封建时代英格兰的政治传统,每年在特定时间召开。参加大议会的成员为宗教领袖和富裕的封建领主。大议会召开期间,他们与英格兰国王一起商讨国家大事。

约克大主教托马斯·罗瑟洛姆

金远远不够。英格兰人愿为布列塔尼而战，但不愿为战事捐赠出自己的收入。在亨伯河口北部，筹资委员会遇到了极大阻力，他们不得不将情况上报给诺森伯兰郡伯爵亨利·珀西，诺森伯兰郡伯爵亨利·珀西立刻将情况通报给亨利七世。1489年4月10日，亨利七世派人与约克大主教托马斯·罗瑟洛姆会面。与此同时，诺森伯兰郡伯爵亨利·珀西和圣玛丽修道院院长一行人找到煽动叛乱者，并将他们投入监狱等待后续审判。然而，事情的发展超出了他们的预期，一批诺森伯兰郡伯爵亨利·珀西的手下公开反对为战事筹资，诺森伯兰郡伯爵亨利·珀西只得召集军队，抓捕反叛分子，但反叛者也在招兵买马对抗他。1489年4月28日，在瑟斯克，叛军杀害了诺森伯兰郡伯爵亨利·珀西及其随从。

在赫特福德接待从神圣罗马帝国皇帝马克西米利安一世和葡萄牙国王约翰二世处赶回的英格兰特使时,亨利七世听到了诺森伯兰郡伯爵亨利·珀西被杀的消息,决定提前离开,并放弃原定召开商讨会的安排。1489年5月22日,他动身北上亲自处理叛乱。这时,约翰·埃格勒蒙德爵士是叛军头领,十分同情约克家族。事实上,在英格兰北部,仍有很多约克家族的支持者。叛军并没有足够的军事实力,因此听到亨利七世北上的消息就逃走了。约翰·埃特雷蒙德爵士前去投奔勃艮第公爵夫人约克的玛格丽特。在北上的过程中,亨利七世建立了一个由萨里伯爵托马斯·霍华德领导的特别地方议会管理叛乱地区。尽管在博斯沃思战役中,萨里伯爵托马斯·霍华德曾为理查三世战斗,但由于萨里伯爵托马斯·霍华德的勇敢,亨利七世认为他可以负责平息叛乱。

15世纪90年代的亨利七世

因此，加莱和英格兰北部已基本平定，法兰西王国的军队也因在战场挫败无法继续作战。战争的结束归功于天主教徒阿拉贡国王斐迪南二世对亨利七世和马克西米利安一世的援助，此时天主教徒阿拉贡国王斐迪南二世正下令攻打鲁西永。查理八世仍不肯放弃攻占布列塔尼，并试图用外交手段离间反法同盟的成员。查理八世选择先从马克西米利安一世入手，因为马克西米利安一世不但政治资源匮乏，而且其对外政策也不稳定。1482年，马克西米利安一世曾被迫签署阿拉斯条约，放弃儿子哈布斯堡的菲利普对阿图瓦和勃艮第的管辖权，并将两地的管辖权作为女儿奥地利的玛格丽特的嫁妆。马克西米利安一世和查理

奥地利的玛格丽特

王储查理

八世一致同意法兰西王储查理成年后与奥地利的玛格丽特结婚。该婚约符合查理八世的利益，查理八世尊称马克西米利安一世为岳父并表示将一笔勾销从前的纠纷。但随后，查理八世发现马克西米利安一世缺乏主见。迪克斯战役发生一个月以后，为了给儿子争取支持，神圣罗马帝国皇帝腓特烈三世在法兰克福举行了一次隆重的会餐。法兰西王国驻神圣罗马帝国大使也应邀出席，并与马克西米利安一世共同签署一份从1489年7月22日起生效的和平协议。虽然协议的细节有待商榷，但条约规定只要布列塔尼女公爵安妮将英格兰军队赶出布列塔尼公国，她就可以夺回原本属于布列塔尼公国的所有要塞。

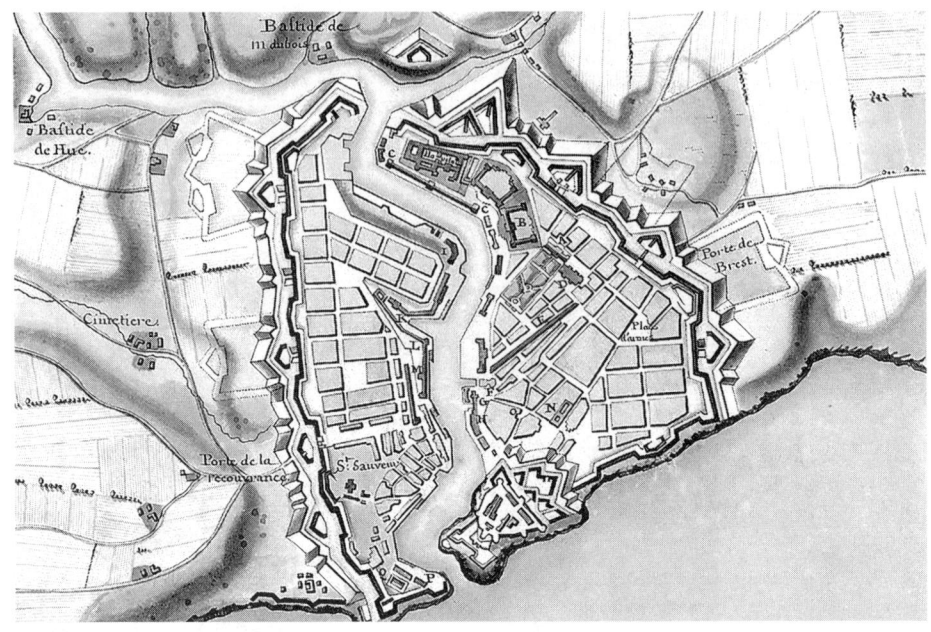

布雷斯特

　　1489年夏,布列塔尼领地战事正酣。让·里厄元帅试图海陆两路包围布雷斯特,此时英格兰军队则被封锁在孔卡诺。1489年8月,又一批法军涌入布列塔尼,其中一支舰队击退了布雷斯特的围军。此时,英格兰打算派出援军却已无法扭转局势。1489年11月,在查理八世施加的压力下,布列塔尼女公爵安妮不得不接受《法兰克福和平条约》。法兰西王国和布列塔尼公国立刻宣布休战。

　　法兰西王国与布列塔尼公国的休战必然会引起英格兰王国和西班牙王国的不悦。在没有经过英格兰王国和西班牙王国批准的情况下,法兰西王国与布列塔尼公国的和平协议完全无效,因为英格兰王国和西班牙王国的军队占据着布列塔尼的各个要塞。让·里厄元帅和阿尔贝的阿兰一世也不会允许法兰西王国单方面宣布条约生效,他们可以采取某些措施令条约失效。天主教徒阿拉贡国王斐迪南二世推测亨利七世与自己想法一致,便立刻采取行动,下令要求西班牙军队与英格兰军队合力抗击对手。在危机前,亨利七世保持了更加冷静的态度。英格兰王国和法兰西王国的休战协议马上就要到期,他与西班牙合作会引起查理八世的怀疑。而法兰西王国和布列塔尼公国签署的协议不过是一张废纸,因为布列塔尼女公爵安妮无法命令英军撤退。查理八世再次派遣高规格的使团，成员包括卢森堡勋爵弗朗西斯、马里尼勋爵瓦勒朗和法兰西王国著名的历史学家、演说家、三位一体领袖罗伯特·加甘，前往英格兰劝说亨利七世接受《法兰克福和约》并从布列塔尼撤军。但在秋季抵达英格兰后，查理八世的使团就被劝回法兰西王国。圣诞节期间，查理八世的使团再次来到英格兰，并在1489年12月27日圣约翰日与亨利七世一起进餐。三位一体骑士团团长罗伯特·加甘没能用高超的演讲技巧说服亨利七世接受查理八世的要求，他们只争取到休战期的短暂延长（尽管历史上没有对此的具体记载）。英格兰王国与法兰西王国的协商仍在继续。休战协议到期后，亨利七世派遣使节前往法兰西王国。此时的形势

罗伯特·加甘

更有利于亨利七世而非查理八世，因为在1490年2月，也就是布列塔尼公国接受《法兰克福和平条约》两个月以后，布列塔尼女公爵安妮派遣大臣菲利普·德蒙托邦前往英格兰转达她对亨利七世的尊敬，并声称没有亨利七世的准许她不会跟任何人结婚。

法兰西王国的使团再次被要求回国，他们此行没能达到查理八世的期待。不久，英格兰王国与法兰西王国的关系再度紧张。能言善辩的三位一体骑士团团长罗伯特·加甘撰写了一首讽刺短诗，来报复让自己无功而返的英格兰人，不少英格兰的蹩脚诗人则写诗回击。此前，亨利七世派遣英格兰王国使节团前往法兰西王国并不是为争取和平，而是为向法兰西国王和议会提出自己在布列塔尼一事上的条件。在前往法兰西宫廷的路上，英格兰大使们在加莱遇到另一

三位一体骑士团

巴亚泽特二世

位被派去英格兰求和的信使,双方交流了意见。作为罗马教廷驻法兰西王国大使,在法兰西王国,康科迪亚主教利昂内尔·基耶雷加托已经待了一年。此时,他正奉教皇英诺森八世的命令前往英格兰,竭力平复英格兰王国与法兰西王国的争端。抵达英格兰后,亨利七世同意了康科迪亚主教利昂内尔·莱奥内洛·基耶雷加托1490年3月29日在伦敦公开演讲的要求。在演讲中,康科迪亚主教利昂内尔·莱奥内洛·基耶雷加托表达了基督教国家国王间达成和平的迫切性——此刻土耳其人正步步逼近,不仅入侵了希腊、匈牙利和克里米亚,还大肆侵占意大利海岸和教会领土。因此,教皇英诺森八世急切地希望欧洲各国搁置争议、联手对抗共同的敌人。康科迪亚主教利昂内尔·莱奥内洛·基耶雷加托表示,最近发生的一件幸运的事情,令他坚信基督教世界一定能胜利。奥斯曼土耳其帝国内部开始分裂,和罗得岛的骑士结盟的巴亚泽特二世极具反叛精

宴会上的苏丹杰姆

神的弟弟苏丹杰姆已被逮捕。事实上,这一消息无法引起西欧各国的兴趣,英格兰王国与法兰西王国争端的解决,还是要出自双方的意愿。但亨利七世很喜欢利昂内尔·莱奥内洛·基耶雷加托的演讲,他派坎特伯雷大主教约翰·莫顿与康科迪亚主教利昂内尔·莱奥内洛·基耶雷加托进一步商谈。康科迪亚主教利昂内尔·莱奥内洛·基耶雷加托也分别与亨利七世及其大臣们面谈。他撰写的报告让教皇英诺森八世清晰地理解了亨利七世和英格兰议会的立场。

亨利七世是一位有着平和淡然性格的君主。这一性格特征不但得到历史学家们的公认,而且在历史中也得到检验。显然,亨利七世的性格与他不断卷入不必要战争的行为并不相符，也让人难以相信，他从不采取既可以不失荣耀，又可以保全国家利益的手段，避免战争。如今英格兰王国与法兰西王国就布列塔尼公国的问题产生了诸多争端。按照历史传统，英格兰王国应向法兰西王国宣战。两百年后，流亡凡尔赛的詹姆斯二世还曾经自负地宣称，要成为法兰西国王，因此性格淡然的亨利七世打算在15世纪拿下法兰西王国也就不难理解了。当年流亡的时候，亨利七世确实因为受到法兰西王国的援助才得以登上王位。很快，他就与法兰西王国签署了后来延长过两次的休战协定。英格兰王国与法兰西王国间如果想达到长期和平，就必须做出目光长远的安排。此时，有一个非常简单的方法，可以解决英格兰王国与法兰西王国的矛盾。入侵法兰西王国后，爱德华四世曾经接受路易十一缴纳的五万克朗贡金。因此，他放弃了吞并法兰西王国的念头。如果英格兰王国与法兰西王国要达成长久和平，那么亨利七世很愿意以同样的方式做出妥协。但考虑到英格兰王国的利益，他必须确保到手的罚金不少于路易十一以前上缴的贡金。

康科迪亚主教利昂内尔·莱奥内洛·基耶雷加托手头上还有教皇英诺森八世交付他在法兰西王国完成的另一项任务。因此，1490年5月，康科迪亚主教利昂内尔·莱奥内洛·基耶雷加托必须返回法兰西王国。他发现想要通过协商来帮助英格兰王国与法兰西王国达成永久和平是不可能的。但与坎特伯雷大主教约翰·莫顿深入交流后，最终，康科迪亚主教利昂内尔·莱奥内洛·基耶雷加托代表法兰西王国提出休战三年的和平协议。法兰西王国希望英格兰王国单独解决布列塔尼公国的问题。返程路上，康科迪亚主教利昂内尔·莱奥内洛·基耶雷加托在图尔停留，并与在那里的英格兰王国驻法兰西王国大使签署了一项为期七个月的、法兰西王国和布列塔尼公国的休战协议。1490年6月，在布洛涅和加莱，康科迪亚主教利昂内尔·莱奥内洛·基耶雷加托参加了由法兰西王国和布列塔尼公国双方大使筹办的会议，会议的目的是达成最终的停战安排。对与会各方来说，会议总体非常顺利，唯独布列塔尼公国的问题依旧棘手，在会上，英格兰王国的代表也尽量保持理智。英格兰大使只要求布列塔尼女公爵安妮返还以前英格兰王国的援助费用，欠款付清后英格兰王国的军队将立即撤离布列塔尼公国。英格兰王国甚至不反对法兰西王国资助布列塔尼女公爵安妮修复法兰西王国以前攻占的要塞。与此同时,布列塔尼女公爵安妮也采取绥靖政策,她的行为无疑拖延了会议进程。通过英格兰王国的调解,布列塔尼女公爵安妮与让·里厄元帅最终和解。让·里厄元帅同意不再强迫她与阿尔贝的阿兰一世结婚,并承诺将尽心尽力地辅佐她。布列塔尼女公爵安妮要求修订条约。最终,她的要求得到满足。查理八世召回法兰西王国驻布列塔尼公国大使,并拒绝重建法兰西王国以前占领的区域。

最终,关于布列塔尼公国的停战调解还是失败了。会议尽管从1490年6月开到了1490年8月,但仍没能达成最后协议。查理八世坚持在英军撤退前绝不重建被法军占领的城堡。英军离开后,查理八世才愿意授权布列塔尼公国在图尔奈开展司法调查。英格兰王国十分乐意提前撤军,只要布列塔尼女公爵安妮付清英格兰参战的花费,他们就可以撤出以前占领的城堡,甚至不介意由法兰西

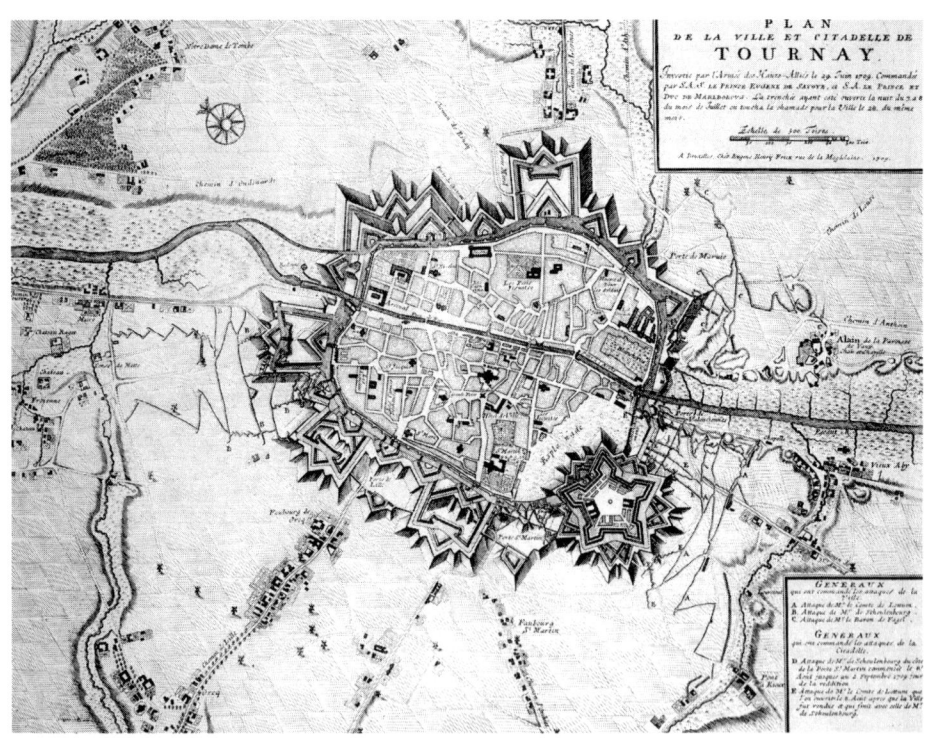

图尔奈

罗昂

王国来预付这笔花费。因此，迟迟无法实现和平并不是英格兰方面的原因，亨利七世已经做了力所能及的所有努力。他还打算派其卫戍部队向在南特的布列塔尼女公爵安妮和让·里厄元帅保证，只要收到撤退命令，在三个月甚至短短六天内，英军就可以撤离。此时，布列塔尼公国处在水深火热中，那里的农民发现祖国不过是英格兰王国与法兰西王国争夺的一颗棋子。因此，布列塔尼的农民们开始陆续在各地造反，并拒绝缴纳布列塔尼女公爵安妮强制收缴的税金。他们宣称将选举出新的公爵和女公爵，而不是接受外国人的统治。在罗昂和坎坦，布列塔尼的农民军与英军展开激烈战斗。在战斗中，四百名农民被杀害，三百名农民被俘虏。然而，农民运动不过是一次徒劳的尝试。国家必须有稳定和强有力的政府才能保证人民安居乐业，农民运动无法让国家摆脱外来入侵。虽然布列塔尼的领导权问题仍然没能解决，但解决方案已经呼之欲出。

在布洛涅和加莱召开的会议没能达到预期效果，亨利七世派遣由贾尔斯·多布尼勋爵率领的生力军和由罗伯特·威洛比勋爵率领的舰队前往布列塔

莫尔莱

尼。除了索要英格兰参与战争的花费，亨利七世还要求英格兰军队占领莫尔莱。布列塔尼女公爵安妮同意了每年付给亨利七世六千克朗，以此维持她在莫尔莱征收盐税和关税的权利。法兰西王国发现协商无法解决问题，于是静待时机扰乱英格兰王国的行动。查理八世确实偷偷地组建了一支实力强大的军队暗中逼近布列塔尼。但对局势做了详细调查后，最终，他没有采取行动。他下令法兰西王国的军队加强对已占领要塞的监守。随后，1490年8月15日，他下令后撤回其余部队，接受休战。1490年9月11日，亨利七世与马克西米利安一世签署条约承诺不再进攻布列塔尼公国和勃艮第公国。

亨利七世与马克西米利安一世签署条约后，布列塔尼公国的独立地位已经得到保障。让·里厄元帅和布列塔尼女公爵安妮也加深了彼此的理解。英格兰王国、西班牙王国和勃艮第公国也达成共识要坚定支持两人的统治。亨利七世建议马克西米利安一世尽快与布列塔尼女公爵安妮结婚。天主教徒阿拉贡国王斐迪南二世和伊莎贝拉一世也怀疑让西班牙王子唐璜与布列塔尼女公爵安妮成婚是否可行，并支持亨利七世的建议。布列塔尼女公爵安妮也逐渐接受马克西米利安一世，所有人都期盼他们能早日成婚。马克西米利安一世没法离开低地国家，他打算低调地成婚。因此，他决定由拿骚伯爵菲利普二世出面替他参加结婚仪式。通过完成一系列奇特的礼仪，年仅十四岁的布列塔尼女公爵安妮成为马克西米利安一世事实上的妻子。起初结婚的消息并没有立刻公布，直到1491年，布列塔尼女公爵安妮才正式使用罗马王后①的头衔。

神圣罗马帝国皇帝马克西米利安一世仅拥有头衔并没有实际领土。尽管他的儿子哈布斯堡的菲利普拥有勃艮第公爵和佛兰德斯伯爵的头衔，但其实从勇敢者查理那时起，罗马国王就已经没有多少实权了。另外，结婚后，布列塔尼女公

勇敢者查理

---

① 1491年12月6日，布列塔尼女公爵安妮与马克西米利安一世解除婚约。这时，马克西米利安一世还不是神圣罗马帝国皇帝，所以此处布列塔尼女公爵安妮的头衔为"罗马人的皇后"。

成为神圣罗马帝国皇后的布列塔尼女公爵安妮

爵安妮也丧失了对布列塔尼公国的控制权。这桩婚事着实有些荒唐，目前，丈夫和妻子仍未曾谋面。但在一定程度上，马克西米利安一世与布列塔尼女公爵安妮的婚礼还是扭转了欧洲各国的权力格局。尽管新婚夫妇还没有见面，但在法律上，他们已经结合。马克西米利安一世与布列塔尼女公爵安妮各自统治的国家距离遥远，无法合伙对付各自的对手。但拥有制海权的英格兰王国可以加强这对夫妇的力量，并借他们的领土对法兰西王国发起攻击。在合适的时机，西班牙王国也会扰乱法兰西王国南部。可以说此时，法兰西王国已经陷入了四面楚歌的境地。查理八世和法兰西议会充分察觉到了周边的危险，但此时再停止法兰西王国的挑衅政策为时已晚。虽然与布列塔尼公国签署了休战协议，查理八世还是出其不意地进攻了布列塔尼公国。

让·里厄元帅和布列塔尼女公爵安妮和解以后便抛弃了阿尔贝的阿兰一世。当与布列塔尼女公爵安妮的婚事泡汤之后，阿尔贝的阿兰一世本应乖乖地保持中立。在马克西米利安一世和布列塔尼女公爵安妮举行婚礼前，阿尔贝的阿兰一世确实是这样做的，因为作为法兰西王国的旧日对手，他无法和查理八世结成联盟反对布列塔尼公国独立。布列塔尼女公爵安妮与马克西米利安一世的婚事让阿尔贝的阿兰一世备感失望，阿尔贝的阿兰一世企图通过结婚获得布列塔尼公国三分之二领土继承权的白日梦也因此破碎。因此，阿尔贝的阿兰一世决心投奔旧日对手查理八世。虽然查理八世曾试图获取布列塔尼女公爵安妮的监护权并入侵布列塔尼，但毫无疑问，与布列塔尼女公爵联姻是阿尔贝的阿兰一世确保自身权益的最后一根稻草。但如此一来，阿尔贝的阿兰一世就必须打破在签署阿拉斯条约时，所许下的与马克西米利安一世的女儿——奥地利的玛格丽特成婚的诺言。

阿尔贝的阿兰一世与查理八世偷偷达成协定，要求取得南特的控制权——那里曾是历任布列塔尼公爵最喜爱的居住地。虽然阿尔贝的阿兰一世的要求代价很高，但查理八世答应了他，因为查理八世知道最终南特还是会落到自己手中。阿尔贝的阿兰一世履行诺言后，在法兰西王国卫戍军的保护下，安全进入南特的公爵城堡。与此同时，查理八世派遣军队占领了南特。随后，1491年4月14日，查理八世亲自抵达南特。在南特停留一周后，查理八世返回都兰。

在一封由图尔的康科迪亚主教利昂内尔·莱奥内洛·基耶雷加托写给教皇英诺森八世的信中，我们可以惊奇地得知，"法兰西人听说，神圣罗马帝国皇帝马克西米利安一世知道南特已经沦陷后并无太大反应，马克西米利安一世还企图与查理八世维持和平关系并返回匈牙利。"马克西米利安一世确实已经花费了太多精力援助布列塔尼公国。为了明年登上匈牙利王位，此时，他正与匈牙利王位继承人波希米亚国王弗拉迪斯拉斯二世开战。马克西米利安一世的确向父亲腓特烈三世和神圣罗马帝国的亲王们写信求助收复南特，并在纽伦堡的晚宴上得到一万两千名长矛骑士部队的增援。随后，马克西米利安一世还派人前往英格兰，请求亨利七世的援助并保证未来一定偿还这笔援助。但此时，布列塔尼公国已经沦陷，布列塔尼女公爵安妮正在考虑投奔丈夫马克西米利安一世。各国的救援计划被迫中止，法军已经占领勒东并从英军手中夺走孔卡尔诺，正准备包围还有几分防御能力的雷恩。1491年11月15日，正在带兵打仗的查理八世强迫布列塔尼女公爵安妮签署临时条约。布列塔尼女公爵安妮同意让雷恩保持中立，并将其交给迪努瓦伯爵沙隆－阿莱的约翰四世代为管理，她等待着特定仲裁人来调解布列塔尼公国和法兰西王国的矛盾。

条约签署后查理八世才撤军，但他仍留下部分军队看守已经被占领的布列塔尼各城镇。随后，查理八世返回都兰。1491年11月30日，布列塔尼女公爵安妮前往朗热与查理八世会面。1491年12月6日，布列塔尼女公爵安妮终止了与马克西米利安一世的婚约，转而与查理八世结婚。他们的结合获得了教皇英诺森八世事先颁发的豁免令。这时，法兰西王国和布列塔尼公国更加亲密。1491年12月15日，布列塔尼女公爵安妮和查理八世的婚礼彻底扭转了局势。从此，布列塔尼公国彻底成为法兰西王国领土的一部分。

第 6 章

与法兰西王国开战

精彩看点

英格兰与法兰西岌岌可危的局势——与西班牙联盟——西班牙的如意算盘——谋划三国反法同盟——独自与法兰西王国开战——英军旗开得胜——与法兰西王国签署《亚眠和约》

英格兰王国为保卫布列塔尼公国独立投入的人力和费用都打了水漂，亨利七世和英格兰民众都感到万分失望。然而那些同样蒙受耻辱的盟友却无暇顾及外交上的失败。天主教徒阿拉贡国王斐迪南二世和伊莎贝拉一世尽管刚刚取得对格拉纳达的胜利，也难免受到布列塔尼公国丧失主权的影响。但对他们来说，西班牙南部的安定比法兰西王国北部的动乱更重要。此次事件中，最悲惨的是马克西米利安一世遭受三重背叛①。但眼下，马克西米利安一世还有更要紧的事要做，没有太多精力沮丧。

　　精于算计的性格使得亨利七世很快从沮丧情绪中恢复。一开始，亨利七世就已经计算好破坏休战协议带来的后果。他决定除非在战争中获得足够补偿，否则绝不轻举妄动。亨利七世对布列塔尼公国的援助也体现了这一点。尽管他事先做了周密计划，但现在英格兰王国已经丧失了在布列塔尼公国的据点——孔卡诺早已被法兰西王国占领。目前，莫尔莱也岌岌可危。此时，在布列塔尼，英格兰王国应该加大兵力，实施报复行动并掠夺战利品。1491年，在布列塔尼和诺曼底，英格兰王国正是这样做的。与此同时，亨利七世并没有长期占领布列塔尼的打算。

　　分析布列塔尼公国与法兰西王国的关系对我们理解亨利七世的政策至关重要。尽管与法兰西王国开战符合英格兰王国的自身利益，亨利七世还是极力

---

① 马克西米利安一世被新婚妻子布列塔尼女公爵安妮所骗，被布列塔尼公国所骗，他的女儿奥地利的玛格丽特被女婿查理八世欺骗并抛弃。

约克家族的徽章——白玫瑰

避免让英格兰王国独自参战。要理解他的立场,我们必须回溯几年前的历史并发掘他的心路历程,以及他为避免损失做出的努力。与伊丽莎白王后联姻确保了亨利七世的王权。1486年9月,阿瑟·都铎王子的出生进一步稳固了亨利七世的地位,因为阿瑟·都铎王子不仅象征着约克家族和兰开斯特家族的结合,也可以成为加强外国联盟的有力工具。在阿瑟·都铎王子还未满一岁时,亨利七世就与天主教徒阿拉贡国王斐迪南二世及王后卡斯蒂尔的伊莎贝拉一世达成协议,承诺阿瑟·都铎王子长大后将娶西班牙公主阿拉贡的凯瑟琳为妻,虽然此时,阿拉贡的凯瑟琳只比阿瑟·都铎王子大九个月。这时,忙于巩固在伊比利亚半岛地位的西班牙王室和努力加强王权的亨利七世都认为这次联姻符合两国共同利益。因此,亨利七世派遣特使前去与西班牙王国驻英格兰王国大使佩德罗·德·阿亚拉会面洽谈此事。1487年6月1日,佩德罗·德·阿亚拉抵达伦敦并与亨利七世会面。1487年6月4日,佩德罗·德·阿亚拉向天主教徒阿拉贡国王斐迪南二世报告亨利七世对结盟计划非常支持。结盟的具体细节由西班牙王国和英格兰王国派出的特使共同商讨决定。1487年7月7日，经过长期商谈后，最终，英格兰王国与西班牙王国拟定有关联姻的正式协议。随后，亨利七世派出特使前往西班牙推动后续安排。

因为西班牙特使对结盟提出了很高的要求，所以结盟协议无法在英格兰一次性谈成。英格兰特使不得不中断协商进程并前往西班牙。西班牙王室要求亨利七世不能在战争中援助法兰西王国，而且一旦西班牙王国单方面对法兰西王国宣战，英格兰王国也要迅速加入西班牙王国一方，且不能与法兰西王国达成休战协议。然而，西班牙王国只承诺不会撇开英格兰王国与法兰西王国达成休战协议。以上规定显然是不合法的。但此时，因为英格兰王国急需西班牙的援助，所以英格兰特使接受了西班牙王国的要求。英格兰特使仅仅指出西班牙王国的要求不符合互惠原则。因此，相关要求不适合写入正式条约。此外，因为法兰西王国以前曾经协助亨利七世登基，所以他无法直接对抗法兰西王国。英格

兰开斯特家族的徽章——红玫瑰

兰大使表示天主教徒阿拉贡国王斐迪南二世和卡斯蒂尔的伊莎贝拉一世提出的要求最好不要变成书面条款,但佩德罗·德·阿亚拉对英格兰大使虚伪的回复并不满意。英格兰特使只好在十字架前,手持弥撒经书发誓,亨利七世一定会与西班牙王国结盟,并按照西班牙王室的要求,履行对法兰西王国宣战的义务。随后,亨利七世告诉西班牙特使自己已经听闻此事,并且认为英格兰特使的行为恰当得体。对西班牙王室,亨利七世表现得忠心耿耿、尊敬有加。在每次提到西班牙王室成员的时候,亨利七世都会礼貌地先摘掉帽子。

爱德华·伍德维尔勋爵擅自远征布列塔尼的事件发生后,亨利七世发现英格兰王国国内高涨的反法情绪已经难以控制。但之前,亨利七世已经将与法兰西王国的休战协议延长到1490年1月。不管接下来的十八个月里局势如何,亨利七世绝不会撕毁休战协议,对法兰西王国开战。即使有来自西班牙王室的支持,亨利七世也不会轻举妄动。其实,在圣奥宾战役及布列塔尼公爵弗朗西斯二世离世后,亨利七世就急切地想要取得西班牙王室的支持。早在1487年10月,他曾向天主教徒阿拉贡国王斐迪南二世提议,向法兰西王国宣战,并要求对方立即回复。1487年11月,亨利七世又全权委托托马斯·萨维奇博士和理查德·南范爵士前往西班牙签订结盟协议。很快天主教徒阿拉贡国王斐迪南二世和卡斯蒂尔的伊莎贝拉一世根据西班牙王国驻英格兰王国大使的建议,对条约进行了修改,他们坚持某些条款必须要加入条约。

西班牙王国的重要目标是收复法兰西王国占领的鲁斯隆和塞尔达尼亚。塞尔达尼亚位于比利牛斯山脉东头,是通向加泰罗尼亚的重要通道。塞尔达尼亚以前曾经被天主教徒阿拉贡的斐迪南二世的父亲阿拉贡的胡安二世抵押给法兰西国王路易十一。西班牙王室希望亨利七世可以协助他们实现目标,而一旦与卡斯蒂尔王国和阿拉贡王国结盟,亨利七世在英格兰国内的统治地位也可以得到巩固。因此,英格兰王国与西班牙王国的联盟必然会得到英格兰民间的支持,也符合英格兰王国与强国结盟的一贯传统。即使亨利七世打破英格兰王国与法兰西王国的休战协议,也不会损害他在国内的支持。此时,西班牙王国仍然与英格兰王国协商联姻事宜。西班牙人决心试探亨利七世究竟会为联姻做出多大

阿拉贡的胡安二世

让步。西班牙王国的第一个要求是一旦西班牙王国向法兰西王国宣战,英格兰王国必须竭尽全力支持他们的行动。西班牙王国声称不理解英格兰王国国内对这项要求的反对态度,并说西班牙王国只是要求亨利七世将他以前的承诺变为白纸黑字而已。西班牙王国还声称他们的要求基于互惠原则,而且同意协约双

比利牛斯山脉

方只要一方参战,另一方必然鼎力相助。除非法兰西王国将吉耶讷或诺曼底还给英格兰,或者将鲁斯隆和塞尔达尼亚还给西班牙,否则协议双方中的任何一方都不能与法兰西王国签署和平协议。在第一种情形下,亨利七世可以单独与法兰西王国和解。在第二种情形下,西班牙可单独与法兰西王国和解。显然,这些条款并不公平,因为法兰西王国更愿意放弃比利牛斯山脉下的弹丸之地,而不是吉耶讷和诺曼底这两个重要省份。亨利七世也并未授权英格兰特使接受西班牙的要求。1489年3月,当托马斯·萨维奇博士和理查德·南范爵士到达地处坎波的西班牙王宫时,英格兰王国和西班牙王国已经开始商讨协议的细节了。亨利七世需谨慎坚持,任何有关英格兰王国应尽义务的条款,都必须有附加条件:一是英格兰王国与法兰西王国的休战协议必须延续到1490年1月。二是休战协议到期时(除非英格兰王国突然卷入战争),协议中的任何一方都有权与法兰西王国签订包含另一方的新休战协议。这样一来英格兰王国反客为主。如果在1490年,英格兰王国卷入战争,那么在收复鲁斯隆和塞尔达尼亚以前,西班牙王国必须对英格兰王国进行援助；但如果英格兰王国没有与法兰西王国开战，英格兰王国和西班牙都可以与法兰西王国签订包含另一方的新条约。

与法兰西王国开战对英格兰王国来说并不是最佳选择，在战争压力下，法兰西国王查理八世会轻易地将鲁斯隆和塞尔达尼亚还给西班牙，并瓦解英西联盟。虽然在坎波城，天主教徒阿拉贡国王斐迪南二世和卡斯蒂尔的伊莎贝拉一世通过了相关条约，但该条约必须经过亨利七世批准才能生效。与此同时，英格兰为布列塔尼公国和马克西米利安一世对抗法兰西王国提供援助，亨利七

手握权杖的卡斯蒂利亚的伊莎贝拉一世

世认为可以对联姻协议提出新要求,却遭到了西班牙王国的拒绝。随后,《法兰克福条约正式》签订。它既体现了马克西米利安一世的无能,也凸显了布列塔尼女公爵安妮的脆弱。我们可以猜到亨利七世对《法兰克福条约》的态度,直到1490年9月20日他也没有批准它,而早在1489年初,在梅迪尼亚,西班牙王国批准了《法兰克福条约》[①]。1490年时形势巨变,康科迪亚主教利昂内尔·莱奥内洛·基耶雷加托的调解工作遭遇失败,英格兰王国与法兰西王国的休战协议即将到期。英格兰王国发现对法兰西王国宣战在即,而且必须获得天主教徒阿拉贡国王斐迪南二世和卡斯蒂尔的伊莎贝拉一世的援助。然而向西班牙王国求助前,亨利七世还需要完成一件要事。

亨利七世一边谨慎考虑着与西班牙王国结盟的计划,一边为英格兰王国与法兰西王国即将爆发的战争做准备。1489年,英格兰王国与法兰西王国的休战协议还没有到期。为保卫布列塔尼公国,亨利七世持续加强英格兰的军事力量。1490年,他派出多批军队抵抗法兰西王国对布列塔尼公国的入侵,并保卫加莱。1490年9月11日,最终,康科迪亚主教利昂内尔·莱奥内洛·基耶雷加托的调解工作失败。亨利七世与马克西米利安一世签署了保卫布列塔尼公国、共同抵抗法兰西王国的协议。1490年9月12日,亨利七世与马克西米利安一世又缔结了一项秘密协议。这项秘密协议规定在接下来的三年内,英格兰王国要与神圣罗马帝国公开对抗法兰西王国并对其宣战。如果西班牙王国愿意加入,那么三国将共同对抗法兰西王国。新联盟比英格兰王国和西班牙王国的反法联盟更加强大。1490年9月17日,英格兰王国、西班牙王国和神圣罗马帝国发表声明将共同对抗法兰西王国。新的反法联盟无疑满足了英格兰国内的求战心理,批准《坎波条约》的三天后,亨利七世起草并通过了与西班牙王国的另一项条约。该条约规定了签署反法联盟的三国将承担同等义务。

显然,新的反法同盟条约对亨利七世更有利,但也意味着更加紧密的联盟关系——联盟成员很难强烈反对联盟整体的计划安排。条约规定如果在自己国家内,天主教徒阿拉贡国王斐迪南二世和卡斯蒂尔的伊莎贝拉一世、马克西米

---

① 1489年初,西班牙王国单方面批准《法兰克福条约》。

亨利七世的纹章

利安一世遭到法兰西王国的入侵，或者亨利七世、天主教徒阿拉贡国王斐迪南二世对法兰西王国宣战并采取实质军事行动，那么在相关行动开始一年后，联盟各成员国必须不惜一切代价对抗法兰西王国。条约还规定如果法兰西王国侵占了属于英格兰王国、西班牙王国和布列塔尼公国的领土，那么在三年内，西班牙王国和英格兰王国将对法兰西王国宣战，并分别从法兰西王国手中夺回自己的领地。除此而外，在接下来的两年内，英格兰王国与西班牙王国中的任何一方不得中断战争，不得在没有得到另外一方同意前停战，除非西班牙王国已经收复鲁斯隆和塞尔达尼亚，而且英格兰王国已经夺回诺曼底和吉耶讷。如此一来，英格兰就不是为西班牙王国的利益而战，也不会在西班牙王国收复领土后被迫停战。亨利七世坚决要求反法联盟各国秉持忠诚和互惠原则。

现在的问题是，在已经签署对自己有利条约的情况下，如何让天主教徒阿拉贡国王斐迪南二世和卡斯蒂尔的伊莎贝拉一世再接受新条约。亨利七世对西班牙王国的态度仍然抱有疑虑，如果西班牙王国愿意签署新条约则可证明他们

卡斯蒂尔的胡安娜

的诚意。新条约一旦生效，联盟中的任何一方都不能再与法兰西王国单独签署和平协议。天主教徒阿拉贡国王斐迪南二世在暗中推动西班牙王国与法兰西王国单独签署和平协议。在西班牙王国与法兰西王国之间，密使频繁往来。双方企图达成新的安排——查理八世将与西班牙公主卡斯蒂尔的胡安娜结婚，西班牙王国则会放弃保护布列塔尼公国。与此同时，天主教徒阿拉贡国王斐迪南二世也极力反对法兰西王国与英格兰王国之间达成和平协议。当康科迪亚主教利昂内尔·莱奥内洛·基耶雷加托正在尽力调解法英关系时，天主教徒阿拉贡国王斐迪南二世前往罗马说服教皇英诺森八世召回罗马教廷驻英格兰大使安东尼奥·弗洛雷斯，试图告知教皇英诺森八世，法兰西王国与西班牙王国的关系比英格兰王国与西班牙王国的关系更重要，因为法兰西王国与西班牙王国的和平将会自然促成英格兰王国与西班牙王国的和平。亨利七世也许并不了解天主教徒阿拉贡国王斐迪南二世两面三刀的行径，但他清楚西班牙王国驻布列塔尼公国的大使没有照令行事，甚至西班牙王国驻布列塔尼公国的大使们还把责任都推给天主教徒阿拉贡国王斐迪南二世，辩称既然休战协议已经达成，目前他们便没有什么工作可做，1491年春他们就该回国了。

毫无疑问，西班牙王室没有接受亨利七世提出的新条约。出于各种原因，最终，西班牙王国的军队也没有再回到过布列塔尼。1491年春季到来之前，南特已经沦陷。对此，西班牙王室表达了歉意并许诺将会扭转局势。西班牙王室宣称对南特沦陷负责，却迟迟没有采取行动，甚至把相关责任推给亨利七世和马克西米利安一世。西班牙方面要求亨利七世立即举全国之力派军，并向布列塔尼公国宣战。西班牙方面还向亨利七世许诺，一旦西班牙军队攻下格拉纳达就立即前来提供支援。亨利七世十分清楚自己不会从西班牙那里得到援助，但出于义务，他已经被卷入这场战争。1491年春，亨利七世不断派军抵抗法兰西王国对布列塔尼公国的入侵，甚至还派出海军抗击法军的船只。1491年5月，亨利七世收到来自神圣罗马帝国皇帝马克西米利安一世和他的妻子布列塔尼女公爵安妮的求助信息。马克西米利安一世和布列塔尼女公爵安妮希望英格兰王国能够帮助他们对抗法兰西王国，并承诺将偿还所有的战争花费。1491年7月，获得英格兰大议会批准后，亨利七世实施了一次非法行动——派遣军队出国"帮助促成和平进程"。1491年10月，亨利七世再次召集议会并宣布自己打算以个人名义入侵法兰西王国，因此需要议会新的战争拨款。做完战前安排后，1491年11月，亨利七世试图说服天主教徒阿拉贡国王斐迪南二世接受某些具体的合作条款。1491年11月22日，亨利七世与西班牙王国签署两项新条约：一项要求在1492年4月15日西班牙王国与英格兰王国正式向法兰西王国宣战，并且最晚在1492年6月25日派兵；另一项则要求在阿瑟·都铎王子十四岁时，天主教徒阿拉贡国王斐

阿拉贡国王斐迪南二世和卡斯蒂尔的伊莎贝拉一世在格拉纳达

迪南二世和卡斯蒂尔的伊莎贝拉一世同意他们的女儿阿拉贡的凯瑟琳嫁到英格兰，并附赠二十万克朗的嫁妆。亨利七世要求对法兰西王国宣战和英格兰与西班牙王室的联姻应该同步进行，互为承诺。

但对法兰西王国来说，查理八世与布列塔尼女公爵安妮的婚礼比战争更重要。就在英格兰王国与西班牙王国签署新协议的十四天后，布列塔尼女公爵安妮刚刚嫁给查理八世，这意味着布列塔尼公国已经不再独立。不论其他国家如何心有不甘，就算开战也改变不了布列塔尼公国已经被法兰西王国吞并的事实。诚然反法联盟可以采取报复性措施，但没有任何一方愿意这样做。在格拉纳达的天主教徒阿拉贡国王斐迪南二世和卡斯蒂尔的伊莎贝拉一世依然被叛乱的摩尔人困扰着。天主教徒阿拉贡国王斐迪南二世和卡斯蒂利亚的伊莎贝拉一世不假思索地与英格兰王国，签署了新的协议，甚至愿意担负起旧协议中的义务。马克西米利安一世是这一系列事件中受打击最大的人。虽然马克西米利安一世已经取得东欧战事的胜利,并巩固了奥地利大公的地位,但他的能力依旧有限。自身难保的奥地利公国并不能为马克西米利安一世带来多少好处,而低地国家又不愿臣服于他。亨利七世只能独自为开战做准备。不过,他还是尽己所能地确保天主教徒阿拉贡国王斐迪南二世和马克西米利安一世加入进来,甚至为此还延迟了进攻法兰西王国的计划。最终,1492年8月2日,亨利七世正式宣布负有义务的各国应随时为战争做好准备。几天后,为了协助马克西米利安一世及实现自己的计划,亨利七世派遣由爱德华·波宁斯爵士率领的舰队前去斯鲁伊斯与

摩尔人

萨克森公爵艾伯特三世

由萨克森公爵艾伯特三世带领的陆军汇合。两个月内，爱德华·波宁斯爵士就占领了斯鲁伊斯，而萨克森公爵艾伯特三世攻占了斯鲁伊斯的两个城堡。

且不说斯鲁伊斯的投降，仅是该地被英军保卫就令法兰西王国遭受重大打击。该地不仅是反抗马克西米利安一世的指挥部，也聚集了一批企图为前往安特卫普探路而抵达布拉班特乃至整个低地国家的海盗。1492年9月，英格兰王国与法兰西王国的战争仍在持续。在伦敦，亨利七世召集大批军队向海边行进。据说，在前往桑维奇的路上，亨利七世收到了法兰西王国寄来的求和信。1492

年10月6日，亨利七世跨过英吉利海峡并抵达加莱。他的到来让很多人大吃一惊，没人想到他会选在年末采取行动。之前被他派去会晤马克西米利安一世的大使从佛兰德斯返回并给他带来了令人不快的消息——马克西米利安一世根本没有做好准备加入英格兰王国远征法兰西王国的队伍。这并非马克西米利安一世的本意，但无论是奥地利公国还是佛兰德斯伯国都不支持他与英格兰为伍的决定，因此他只能让亨利七世孤军奋战。也有谣言说天主教徒阿拉贡国王斐迪南二世和卡斯蒂尔的伊莎贝拉一世再次与法兰西王国达成单独协议，一旦查理八世满足他们的要求，他们就将中止与英格兰的合作。但英军并没有因此士气低落。在到达布洛涅前，英军做了短暂停留。

布洛涅的防守十分严密，没有一场残酷的血战很难将其攻下。英军试图突破布洛涅的围墙却在行动中失去了英勇的首领约翰·萨维奇爵士。战斗开始后不久，科德思勋爵菲利普·德克雷布克送来了法兰西王国求和的请求。英军统帅考虑到冬季不利于军队储存粮食，再加上英军孤军奋战的事实，建议亨利七世接受法兰西王国的求和。法兰西国王查理八世同意替马克西米利安一世向英格兰王国偿还总计六十二万克朗的债务。这笔钱包括英格兰王国支援布列塔尼女公爵安妮保卫布列塔尼公国的花费，以及在《亚眠和约》中路易十一对爱德华四世规定的债务，总计七十四万五千克朗，而且查理八世愿意每年付出五万法郎的利息①。亨利七世接受了法兰西王国的求和条款。随后，1492年11月3日，在埃塔普勒，英格兰王国与法兰西王国签订休战协议。1492年11月6日，查理八世也同意了休战协议。按照规定，英军撤退到加莱后返回英格兰。

《亚眠和约》的签署为战争画上了句号。查理八世还是遵从他的父亲路易十一以赔款求和平的老路。在英格兰的政治家看来，虽然再次入侵法兰西王国的计划十分不切实际，但外国军队入侵法兰西王国的领土还是会造成法兰西王国国内的骚乱，更何况路易十一和查理八世统治法兰西王国的首要目标是巩固王权。此外，亨利七世也扰乱了查理八世此前已经拍板的入侵意大利的计划。

---

① 当时的法郎都是金子制成的硬币，一法郎约合二十银索尔或六先令。但就购买力而言，一法郎约合现在的三英镑多，所以每年的债务偿还利息约为现今的十五万英镑。当时的一克朗相当于现在的十到十一先令，所以当时查理八世的赔偿总额约为现在的三百五十万到四百万英镑之间。

因此，查理八世愿意效仿父亲路易十一的行为，通过向英格兰赔款求得和平。直到英格兰王国与法兰西王国和平协议签订前，西班牙王国都没能从与法兰西王国签署的秘密协议中得到任何好处，因为查理八世并没有同时对西班牙王国让步，虽然最终他还是同意了天主教徒阿拉贡国王斐迪南二世关于收复鲁斯隆和塞尔达尼亚的要求。

亨利七世严格地遵守了对其他欧洲国家的承诺，但最后的和平结局并没有受到英格兰民众的欢迎。为了这次短暂的军事行动，英格兰民众缴纳了大量税金。但最后，这些钱都落到国王的钱袋中。甚至为了充实远征所需的军费，某些参战军队的首领抵押了房产，他们都希望此次战事能让自己加官晋爵。无论如何，停战还是符合英格兰王国与法兰西王国各自的利益。尽管英格兰民众对停战的结果并不满意，但亨利七世还是保障了他们的安全。

第 7 章

珀金·沃贝克三次入侵英格兰

精彩看点

英格兰国内对与法兰西开战的不满——假冒王子珀金·沃贝克——欧洲各国对珀金·沃贝克的支持——对珀金·沃贝克的态度——查理八世入侵意大利——新反法同盟的形成——马克西米利安一世对珀金·沃贝克的支持——对珀金·沃贝克谋反将计就计——珀金·沃贝克第一次入侵英格兰失败——珀金·沃贝克谋求爱尔兰的支持——珀金·沃贝克第二次入侵英格兰失败——珀金·沃贝克谋求苏格兰的支持——珀金·沃贝克第三次入侵英格兰失败——珀金·沃贝克在康沃尔落脚

迄今为止，了解亨利七世人生经历的政治家们都认可在困境中，他往往能展示出卓越的才能和持久的耐心。在王权尚不稳固的执政初期，亨利七世先是被卷入战争，损失惨败。随后，他又惨遭所有盟友抛弃。对一位君主来说，这样的经历确实有些残酷。但在独自奋斗、历经磨难后，亨利七世取得了至高无上的地位，他不再依赖任何外国盟友的帮助。最终，法兰西王国愿意以赔款求和平，亨利七世不必再额外耗资寻求西班牙王国的支持。这时，英格兰民众发现如果英格兰王国参与战争，那么自己也会被科以重税。因此，他们也收敛了对战争的狂热。此时，布洛涅战役前被亨利七世招募的士兵也看清了与法兰西王国开战绝非易事。目前，在法兰西王国内，英格兰王国已经没有里应外合的贵族支持。在与法兰西王国战争的最后一刻，英格兰王国也无法等到盟友协助，只能靠自己实现目标。英军已经摧毁了皮卡第的几处堡垒，并把斯鲁伊斯和其他几座城镇归还给马克西米利安一世。此外，亨利七世还开放了英格兰王国与低地国家之间的贸易，并在法兰西王国那里获得了到目前为止最多的战利品和赔款，这些都是显著的成就。亨利七世无需向任何盟友求助，就从他们身上获得了巨大利益。此后，亨利七世也不必迫于义务发动耗费高昂的战争了。

然而，以上成就却在英格兰国内激起诸多不满。这时，其他欧洲国家还没有察觉此时英格兰王国已经占据绝对优势。亨利七世如果能够重现亨利五世在法兰西王国的凯旋之旅，那么就会收获到全欧洲对他的尊敬。通过对法兰西王国宣战，亨利七世成功地转移了部分国内的不满情绪。在亨利七世遭遇严重危机前，盟友马克西米利安一世也算得上忠诚可靠。征服法兰西王国并不是亨利七世的目标，他对目前所取得的成就非常满意。但当昔日被利用的盟友发现此时亨利七世已经不能再给他们带来好处，而英格兰国内的民众也无望讨回此前缴纳的重税时，英格兰国内外某些不安分的人就要为亨利七世制造麻烦了。天主教徒阿拉贡国王斐迪南二世和卡斯蒂尔的伊莎贝拉一世利用亨利七世的参战已经达到了他们的目的。这时，他们想试探亨利七世能否接受被盟友抛弃。经过调查后，西班牙王室发现神圣罗马帝国皇帝马克西米利安一世和他的儿子奥地利大公哈布斯堡的菲利普亏欠亨利七世的更多。

在这种背景下，欧洲各国纷纷向珀金·沃贝克伸出援手。如果珀金·沃贝克是真正的王子，那么他将成为政治棋盘上更珍贵的棋子，但假冒者也可成为提

珀金·沃贝克

约克的玛格丽特

要求的工具。让珀金·沃贝克粉墨登场并非难事。亨利七世远征布伦前,他就已经露面了。珀金·沃贝克并非传言中所说的那样在勃艮第公爵夫人约克的玛格丽特那里接受了严密训练,因为此前珀金·沃贝克已经开始扮演爱德华四世儿子的角色。珀金·沃贝克在爱尔兰的首次露面,珀金·沃贝克并没有轰动欧洲政坛。根据他的供述,爱尔兰人为他设计了假扮王子的计划。爱尔兰人也从来没有征求过珀金·沃贝克的意见。

爱尔兰的德斯蒙德伯爵莫里斯·菲茨杰拉德和基尔代尔伯爵杰拉尔德·菲茨杰拉德都十分拥护珀金·沃贝克,当时,虽然基尔代尔伯爵杰拉尔德·菲茨杰拉德仍是爱尔兰的代理总督①。他们秘密地表达了对珀金·沃贝克的支持。此时，在爱尔兰，王子冒充者珀金·沃贝克并没有掀起太大波澜。但已经有谣言传出爱德华四世的二儿子约克公爵什鲁斯伯里的理查德仍然活着，并被先后送往法兰西和苏格兰。1492年3月，德斯蒙德伯爵莫里斯·菲茨杰拉德的使者和珀金·沃贝克一起抵达苏格兰。在亨利七世入侵苏格兰之前，查理八世派斯蒂芬·弗里翁前往爱尔兰邀请珀金·沃贝克来法兰西生活。斯蒂芬·弗里翁曾是亨利七世派驻到法兰西王国的大使，但后来遭解雇。珀金·沃贝克接受了查理八世的邀请前往法兰西。以外国王子的身份，法兰西宫廷接待了珀金·沃贝克，并给予他极高的礼遇。一批郁郁不得志的约克家族余党也从英格兰赶来辅佐珀金·沃贝克。英格兰王国与法兰西王国签订和平协议后，查理八世不得不驱逐珀金·沃贝克。珀金·沃贝克和流亡的约克家族余党投奔了低地国家，受到勃艮第公爵夫人约克的玛格丽特的热情款待。约克的玛格丽特被比喻为亨利七世的朱诺，因为她总是不断地给亨利七世制造麻烦。勃艮第公爵夫人约克的玛格丽特认为珀金·沃贝克应该接受宫廷礼仪的训练，因为她打算将珀金·沃贝克认作自己的亲侄子，尤其要对约克家族的血统家谱了如指掌。波利多尔·维吉尔的书中也提到了这点。事实上，对珀金·沃贝克接受礼仪教育的故事，圣奥尔本子爵弗朗西斯·培根和他以后的历史学家进行了过分夸张的描述，尤其是那些关于勃艮第公爵夫人约克的玛格丽特告诉珀金·沃贝克的各类家族秘闻。其实勃艮第公爵夫人约克的玛格丽特已经离开英格兰很久了，不太可能有渠道得知各种小道消息。②

① 在两三年前，理查德·埃奇库姆爵士刚刚接受基尔代尔伯爵杰拉尔德·菲茨杰拉德的归顺。
② "然后她又告诉珀金·沃贝克有关约克公爵什鲁斯伯里的理查德的全部细节，向他描述他所谓的父亲爱德华四世和母亲伊丽莎白·伍德维尔王后的身材、个性和相貌特征，还有他的兄弟姐妹和许多发小的相貌特征。她要珀金·沃贝克记住所有的事情，包括国王爱德华四世驾崩前的各种隐秘和公开的事件。随后，她又补充了一些从爱德华四世驾崩到爱德华五世和约克公爵什鲁斯伯里的理查德兄弟俩被关到伦敦塔中的详情，还有他在国外避难期间的情况。"节选自圣奥尔本子爵弗朗西斯·培根的《英王亨利七世本纪》。1480年，勃艮第公爵夫人约克的玛格丽特曾到过英格兰，但她并不知道1483年发生在英格兰这段悲惨历史的有关细节。

勃艮第公爵勇敢者查理

公然培养假冒英格兰王室成员是对亨利七世向来温和政策的公开挑衅，但勃艮第公爵夫人约克的玛格丽特并不会因此获罪。她并非英格兰王室公主而仅仅是勃艮第公爵勇敢者查理的遗孀。她生活的土地来自遗产，目前遗产仍在继子奥地利大公哈布斯堡的菲利普的名下。此时，亨利七世必须向奥地利大公哈布斯堡的菲利普提出抗议。亨利七世派遣曾经让斯鲁伊斯的佛兰芒人负债累累

坎特伯雷大主教威廉·沃勒姆

的爱德华·波宁斯爵士和后来的坎特伯雷大主教威廉·沃勒姆前去完成这一任务。当时，奥地利大公哈布斯堡的菲利普才十五岁，他的议会被勃艮第公爵夫人约克的玛格丽特和佛兰德斯的法兰西人实际掌控。奥地利大公哈布斯堡的菲利普回复亨利七世，自己急切地想与英格兰王国共同商讨可行的解决方案，但他无法约束继母勃艮第公爵夫人约克的玛格丽特的行为。因此，亨利七世只能靠自己的警惕制止低地国家秘密酝酿的入侵英格兰计划。亨利七世本可通过向佛兰德斯宣战的方式做出回应，但他不愿卷入战争因而接受了西班牙王国驻英格兰王国大使的劝阻。亨利七世给自己可靠的手下写信,告诉他们一旦英格兰王国遭他国入侵,一定要第二天就立即实施营救行动。但亨利七世也决定要让佛兰芒人为他们恩将仇报的行为品尝苦果。他下令撤回所有在安特卫普的英格兰商人,并禁止其与佛兰德斯人开展商贸来往,他还提议转而在加莱设立英格兰布料纺织集市。他的举措给英格兰和尼德兰商人带来诸多不便,尼德兰商人受其影响尤甚。由于在伦敦有一批被称作商业协会商人①的外国人,因其特殊身份已经取得营业执照,他们的生意并没有受到禁止令的影响。禁止令的实施引发了伦敦城内的骚乱,亨利七世花了一番工夫才将其平息。与此同时,向佛兰芒人施加的压力,并没有阻止珀金·沃贝克接受来自低地国家长达两年半的庇佑和支持。最终,亨利七世试图将英格兰商业撤出低地国家的计划失败。奥地利大公哈布斯堡的菲利普的议会意识到英格兰无法承受与佛兰德斯发生争端,因此他们继续之前阳奉阴违的政策。在父亲腓特烈三世1493年去世后,马克西米利安一世被封为神圣罗马帝国皇帝(尽管他的头衔此时仍然是罗马国王)。马克西米利安一世忘记了以前亨利七世提供的慷慨帮助,反倒热心支持珀金·沃贝克。幸好亨利七世早就掌握了低地国家密谋入侵英格兰的计划。

作为珀金·沃贝克唯一的援助来源,马克西米利安一世很快就发现向珀金·沃贝克提供援助的后果了。珀金·沃贝克给西班牙王后卡斯蒂尔的伊莎贝拉一世写信,称自己是约克公爵什鲁斯伯里的理查德,并详细描述了入侵英格兰的计划。在禀报时,西班牙王室秘书只是轻描淡写地说珀金·沃贝克"声称自己是英格兰国王理查德"。天主教徒阿拉贡国王斐迪南二世和卡斯蒂尔的伊莎贝拉一世很明智地没有过多干涉此事。法兰西国王查理八世曾承诺一旦英格兰遭到入侵,亨利七世就可以自由借用法兰西王国的海军。但亨利七世将珀金·沃贝克称为"那个小男孩",认为没必要采取特殊预防措施,因为全英格兰人都知道珀金·沃贝克不过是一个图尔奈船夫的儿子。在战略上,亨利七世明智地轻视了珀金·沃贝克的计划,虽然欧洲各国出于自身目的都在放大这次叛乱的规模和严

---

① 此处的商业协会指汉萨同盟(The Hanseatic League),为当时欧洲西北部和中部为保护贸易利益而结成的商业同盟。

法兰西士兵

重性。亨利七世敏锐地察觉到真正的危险只会来自英格兰国内的反叛势力。对此,他做好充足的准备防止自己像理查三世那样被夺取王权。

然而,无论是亨利七世的谨慎小心,还是马克西米利安一世的财力匮乏,都无法解释珀金·沃贝克竟然在佛兰德斯藏身两年半却没有被抓捕的事实,而且珀金·沃贝克还受到勃艮第公爵夫人约克的玛格丽特的公开支持,和奥地利大公哈布斯堡的菲利普的议会的私下援助。真正的原因是全欧洲的王室都在关注另一件影响深刻的大事——查理八世对意大利著名的远征。据说,法兰西王国的士兵身上仅携带了用来标记驻扎营地范围的工具就开始了他们的远征之旅。查理八世的入侵导致那不勒斯国王斐迪南一世被迫退位，就连他的继任者阿方索二世登基后也匆匆逃走。事实上，在意大利，查理八世所向披靡，被意大利当地民众尤其是那不勒斯人看作是推翻残酷暴政的拯救者。但查理八世没有意识到这点，他认为自己的任务是征服而不是拯救意大利。很快，他就失去了意大利人的拥护和爱戴，最终被引诱他前来征服意大利的亲王们囚禁在亚平宁半岛。诡计多端的米兰公爵卢多维科·马里亚·斯福尔扎是亲王们的领袖，

那不勒斯国王斐迪南一世

吉安·加莱亚佐·斯福尔扎

他是米兰公爵吉安·加莱亚佐·斯福尔扎的叔叔和米兰的摄政王。米兰公爵卢多维科·马里亚·斯福尔扎向查理八世保证威尼斯共和国将会保持中立,查理八世只需要做好准备拿下那不勒斯王国就能高枕无忧了。然而,在查理八世达成目标前,在帕维亚的监狱中,米兰公爵卢多维科·马里亚·斯福尔扎的侄子米兰公爵吉安·加莱亚佐·斯福尔扎就离奇去世。因此,卢多维科·马里亚·斯福尔扎摇身一变成为米兰公爵。随后教皇亚历山大六世、米兰公爵卢多维科·马里亚·斯福尔扎和威尼斯共和国都与查理八世公然对抗,他们甚至与神圣罗马帝国皇帝马克西米利安一世和天主教徒阿拉贡国王斐迪南二世组成联盟反抗法兰西王国。

与此同时,亨利七世也关注着意大利的局势。尽管人在远方,但亨利七世仍然努力与那不勒斯国王建立友好关系。显然,这是为了监视查理八世是否遵守诺言。埃普塔尔协议签订后,亨利七世就将嘉德勋章送给了卡拉布利拉公爵阿方索二世。在查理八世入侵意大利前,卡拉布利拉公爵阿方索二世继承了父亲的王位成为那不勒斯国王。亨利七世也与米兰建立了密切联系,他甚至打算将爱德华四世的某个女儿、伊丽莎白王后的某个亲妹妹许配给年轻的米兰公爵加莱

卢多维科·马里亚·斯福尔扎

亚佐·马里亚·斯福尔扎。虽然亨利七世的外交努力收效甚微，但这绝不是因为他对意大利缺乏足够细致的观察与了解。一两年后，在给米兰公爵卢多维科·马里亚·斯福尔扎的信中，一位在伦敦的米兰公国驻英格兰王国的大使写道："我发现在很多事情上，亨利七世掌握了大量信息。他对意大利发生的大小事都了如指掌，甚至比法兰西国王查理八世还要了解您和意大利的情形。当查理八世入侵意大利的时候，亨利七世把身边一位叫里士满的传令官送给他。在意大利，这位名叫里士满的传令官详细地观察着一切，连佛罗伦萨的商人们也持续向亨利七世传递着消息。"

正是由于亨利七世一贯的警觉性、对世界局势的持续关注和解读、对国内外信息和国家间关系的全面掌握，生性温和的他才被全欧洲明智的君主们看作是价值极高的盟友。但此时，他的统治地位还称不上完全稳固，仍然有像神圣罗马帝国皇帝马克西米利安一世这样愚钝的君主，对他背信弃义、恩将仇报。马克西米利安一世认为与法兰西王国建立友谊并得到来自法兰西王国的巨额补偿，意味着他不必再和英格兰王国继续保持良好的关系。即使马克西米利安一世想从英格兰那里得到什么好处，那肯定也是来自像勃艮第公爵夫人约克的玛格丽特这样的新君主。马克西米利安一世倒不是因为与法兰西王国关系密切而抛弃亨利七世的，很显然查理八世从不相信他。1494年，马克西米利安一世娶了米兰公爵卢多维科·马里亚·斯福尔扎的妹妹比安卡·玛利亚·斯福尔扎，并因此被拉入由意大利邦国建立的反法同盟。在新形势下，马克西米利安一世焦虑不安地想再次恢复与亨利七世的关系，但他没有就此采取任何行动，反倒继续支持珀金·沃贝克。因为马克西米利安一世坚信亨利七世很快就会下台，而新上台的君主一定会立刻对法兰西王国宣战。马克西米利安一世是如此的乐观，就连米兰公爵卢多维科·马里亚·斯福尔扎关于反法同盟只有得到亨利七世的支持才能巩固的意见，都听不进去。

此时，亨利七世并不像马克西米利安一世和其他滞留佛兰德斯的约克家族余党所期望的那样身处危险境地。亨利七世也不像史书中描述的那样费尽心思才发现珀金·沃贝克的行踪，以及两位年幼王子爱德华五世和约克公爵什鲁斯

马克西米利安一世与比安卡·玛利亚·斯福尔扎的婚礼

伯里的理查德已经遭到谋杀的证据。虽然有关两位王子遭到谋杀的证据还需要进一步核实,但早在1493年,亨利七世就从吉尔伯特·塔尔博特爵士那里知晓了珀金·沃贝克的真实身世。由于不能立即下令逮捕珀金·沃贝克,亨利七世才采取了一种假装对其阴谋视而不见的态度。直到珀金·沃贝克的谋反计划最终成熟,亨利七世才开始暗中行动。正如圣奥尔本子爵弗朗西斯·培根所说:"亨利七世采用了将计就计的策略。"罗伯特·克利福德爵士和威廉·巴利曾以约克家族余党的身份投靠勃艮第公爵夫人约克的玛格丽特,并成功接触到阴谋的核

约翰·拉德克里夫的纹章

心机密。回到英格兰后，罗伯特·克利福德爵士和威廉·巴利向亨利七世揭露了阴谋的一切细节并得到了亨利七世的宽恕。我们并不确定圣奥尔本子爵弗朗西斯·培根所说的"奇怪的传统"——即亨利七世吸纳神父和投降自首的叛徒作为他的情报人员是否为真，有时为了避免身在国外的英格兰间谍引起他国怀疑，亨利七世甚至将英格兰间谍的名字列入"国王的敌人名单"并大加谴责。那些企图谋反的约克家族余党上了亨利七世的当，在沃尔特·菲兹瓦特勋爵约翰·拉德克里夫、西蒙·蒙特福德爵士等人被捕后，约克家族余党揭竿而起，以上被捕的谋反计划的领袖有些很快就被亨利七世下令处决。最令人震惊的就是对威廉·斯坦利爵士的逮捕和处决，他不仅是亨利七世的宫廷大臣，更是辅佐亨利七世登上王位的功臣。我们不清楚在这次的阴谋中，威廉·斯坦利爵士究竟扮演了怎样的角色。但对亨利七世来说，来自他最信赖顾问的背叛，要比其他人的背叛更加致命，更不用说威廉·斯坦利爵士还和他沾亲带故（威廉·斯坦利爵士的哥哥德比伯爵托马斯·斯坦利是亨利七世母亲里士满公爵夫人玛格丽特·博福特的丈夫）。亨利七世只能尽快处决威廉·斯坦利爵士。

自亨利七世登基以来，勃艮第公爵夫人约克的玛格丽特就失去了哥哥爱德华四世慷慨赠予的大笔英格兰财产。因此，她要求珀金·沃贝克成功攻下英格兰后务必恢复她所持有的财产。1494年12月10日，罗伯特·克利福德爵士见证了勃艮第公爵夫人约克的玛格丽特与珀金·沃贝克间契约的达成。根据罗伯特·费边①的描述，大概在圣诞节前后，罗伯特·克利福德爵士很快回到英格兰，揭露了阴谋策划的所有细节并揭发了威廉·斯坦利爵士。显然，一系列的逮捕和处决行动沉重地打击了即将展开的谋反计划。但在1495年7月，珀金·沃贝克还是决定要远征英格兰。最终，珀金·沃贝克征服英格兰的尝试惨淡结尾，但这并不是因为马克西米利安一世无法提供足够的援助。远征英格兰的舰队到达迪尔后，

迪尔

---

① 罗伯特·费边（？—1512），伦敦的治安官和市议员，著有《费边编年史》一书。

一批珀金·沃贝克的追随者们登陆上岸。他们被迪尔当地的武装军队围剿并俘虏了，剩下的残兵败将则被赶回了战船。珀金·沃贝克本人并没有上岸，他决定前往爱尔兰碰碰运气。起初，在爱尔兰，他确实顺利地开了个好头。

对珀金·沃贝克来说，转向亨利七世还没有建立起足够的权威，而且执政基础相对薄弱的爱尔兰不失为精明决策。但对为入侵英格兰已经做了两年准备并专门配置了一支舰队的他来说，不敢在英格兰岸上登陆令其十分惭愧。马克西米利安一世为这次远征提供了大量援助，甚至向威尼斯共和国驻神圣罗马帝国大使鼓吹，珀金·沃贝克很快就会占领英格兰并实现对法兰西王国开战的承诺。我们无从得知马克西米利安一世是怎样了解到珀金·沃贝克在迪尔惨败的消息，但随后的两个月他仍对出师不利的珀金·沃贝克抱有不切实际的幻想，认定，珀金·沃贝克最终必然会取得成功。作为一名精明的观察家，天主教徒阿拉贡国王斐迪南二世则对此事有不同看法。他与亨利七世的关系向来不冷不热，目前正谨慎地观察着事情的走向以决定未来政策。对他来说，珀金·沃贝克在迪尔的惨败意义重大，天主教徒阿拉贡国王斐迪南二世认为这次失败并不是因为珀金·沃贝克过于自负，而是因为亨利七世的对手们无法用微弱的武力对亨利七世进行致命打击。在写给西班牙王国驻英格兰王国大使的信中，天主教徒阿拉贡国王斐迪南二世表示："现在，我们可以明确地告诉你，那个自称公爵的人所做的一切只不过是个笑话。"

在爱尔兰，珀金·沃贝克能够得到的援助极其有限的。眼下的爱尔兰虽然对亨利七世来说依旧棘手，但已经不像他登基时那么反对他了。在接下来的章节里，我们将讨论爱尔兰是如何一步步服从亨利七世的。此时，连基尔代尔伯爵杰拉尔德·菲茨杰拉德都不再是爱尔兰的实际管理者，他被爱尔兰议会以叛国罪剥夺权利并投入英格兰的监狱。德斯蒙德伯爵莫里斯·菲茨杰拉德仍然在明斯特流亡，珀金·沃贝克选择立刻前去投奔他。德斯蒙德伯爵莫里斯·菲茨杰拉德与珀金·沃贝克的军队包围了对亨利七世最忠诚的沃特福德小镇——这里是爱尔兰此前唯一支持亨利七世并对抗兰伯特·西姆内尔的地区。珀金·沃贝克的舰队封锁了沃特福德的港口，而在陆上德斯蒙德伯爵莫里斯·菲茨杰拉德的军队则包围了沃特福德，但当地民众架起大炮轰击珀金·沃贝克的舰队。十一天后，珀金·沃贝克不得不停止围攻沃特福德，并放弃被当地民众扣押的船只。对珀金·沃贝克来说，爱尔兰已经失去战略意义。因此，他转而前往苏格兰。

当珀金·沃贝克第一次以约克公爵什鲁斯伯里的理查德的身份出现在苏格兰时，苏格兰人对他这个冒牌货很感兴趣。首先，珀金·沃贝克选择给苏格兰国王詹姆斯四世写信请求援助。对珀金·沃贝克失败的远征，詹姆斯四世曾经给予大力支持。这次，詹姆斯四世又为珀金·沃贝克准备了作战部队和船只。珀金·沃贝克受到了英格兰王国敌对国家的热烈欢迎，此次詹姆斯四世也给予了他外国王子应得的礼遇。苏格兰国王詹姆斯四世为珀金·沃贝克提供了高贵华服，甚至还派军队沿途为他保驾护航。但一年很快就过去了，为了证明自己的身份，珀金·沃贝克假模假式地带着一小撮军队迅速地跨越了英格兰王国与苏格兰王国的国界线，又返回苏格兰。毫无疑问，珀金·沃贝克的举动让期望极高的苏格兰人非常失望，就连远在英格兰的威尼斯共和国驻英格兰王国的大使，也倍感灰心，他们之前还以为亨利七世这次真的要被推翻。他们的错觉也有可能来自亨利七世对自己所处危险的大肆渲染。

1496年9月，珀金·沃贝克再次下令入侵英格兰。与此同时，亨利七世派遣达勒姆主教理查德·福克斯一行人前去苏格兰商讨亨利七世的女儿玛格丽特·都铎与詹姆斯四世的联姻事宜，希望能中止珀金·沃贝克入侵的行动。但詹姆斯四世显然相信，利用珀金·沃贝克可以帮助自己收复贝里克郡，并对亨利七世提出更多要求。在苏格兰王国与英格兰王国边境，詹姆斯四世集合了一千四百名不同国籍的士兵供珀金·沃贝克使用，但对英格兰来说，这不过是又一次小规模的边境袭击而已。这支部队虽然通过烧杀掠夺得以为以前珀金·沃贝克失败的入侵行动雪耻，但发现英格兰人不会被轻易哄骗加入对抗亨利七世的队伍。因此，三天内，这支部队又再次返回苏格兰。据说，珀金·沃贝克不满苏格兰盟友残暴的作风，请求詹姆斯四世对自己所谓的英格兰臣民更仁慈些。事实上，这些珀金·沃贝克所谓的英格兰臣民对他这个假冒的王子毫不关心。

众所周知，在这次入侵行动失败后，詹姆斯四世终于发现珀金·沃贝克不过是个冒牌货。但此时，詹姆斯四世已经深陷珀金·沃贝克的反叛事业中。甚至允许珀金·沃贝克与苏格兰王室血统最纯粹的后代凯瑟琳·戈登结婚，这使他成为詹姆斯四世的亲戚。此外，其他国家仍然认为珀金·沃贝克还有极高的利用价值。法兰西王国驻苏格兰王国大使曾向詹姆斯四世许诺，只要詹姆斯四世将珀金·沃贝克送到法兰西王国，法兰西王国就向苏格兰王国支付十万克朗，但这并不意味着查理八世也被珀金·沃贝克蒙骗。不久前，查理八世还向英格兰传达了一份经法兰西议会公证的文件。该文件表明在法兰西王国，珀金·沃贝克的真正身世已经人尽皆知。但自从亨利七世加入反法同盟并试图将法兰西王国赶出意大利后，情形就发生了变化。查理八世坚信自己可以再次利用珀金·沃贝克让亨利七世乖乖就范。

苏格兰国王詹姆斯四世却不打算将珀金·沃贝克送到任何国家的手上。因此，在苏格兰，珀金·沃贝克又待了一年。但詹姆斯四世很快意识到自己与亨利七世最终必将达成协议，他不愿迫于条约的压力放弃珀金·沃贝克。因此，1497年，珀金·沃贝克及其妻子前往艾尔，跟随他们的还有一支由苏格兰上尉罗伯特·巴顿带领的舰队。珀金·沃贝克再次将自己的大本营搬到爱尔兰。1497年7月26日，珀金·沃贝克在科克登陆。他想在当地寻求支持，但再次担任爱尔兰代理总督的基尔代尔伯爵杰拉尔德·菲茨杰拉德不愿得罪亨利七世。在爱尔兰求助未果后，珀金·沃贝克决心逃往康沃尔。后面，我们将解释他前往此地的原因。下面我们要开始讨论其他话题。

第 8 章

加强对爱尔兰的统治

精彩看点

爱尔兰的暂时臣服——罢免基尔代尔伯爵杰拉尔德·菲茨杰拉德——爱尔兰贵族的矛盾——看管基尔代尔伯爵杰拉尔德·菲茨杰拉德——启用爱德华·波宁斯爵士治理爱尔兰——通过"波宁斯法案"——强化对爱尔兰的直接统治——重新启用基尔代尔伯爵杰拉尔德·菲茨杰拉德——基尔代尔伯爵杰拉尔德·菲茨杰拉德的贡献

英格兰的历史错综复杂,爱尔兰的历史更是如此。但在爱尔兰晦涩的历史中,我们仍然可以寻找以下问题的线索:亨利七世如何在动荡不安的爱尔兰确立起权威?也许其他英格兰君主发现爱尔兰问题有些棘手,但刚继位时,亨利七世就面临着来自爱尔兰的严峻挑战。爱尔兰从上到下自发地支持兰伯特·西姆内尔,爱尔兰代理总督、主教、修道院长、贵族及几乎所有的法官都参与其中。按照惯例,在叛乱被平息后,所有叛乱参与者都必须受到惩罚。但亨利七世不得不发布大赦令将他们释放,就连参与叛乱的首要头目也只被要求对国王宣誓效忠。但此次珀金·沃贝克没有受到爱尔兰之前给予兰伯特·西姆内尔那种坚定的支持,尤其在他第三次和第四次访问爱尔兰的时候更是如此。珀金·沃贝克叛乱发生之后的爱尔兰尽管经常发生内部冲突,但从未威胁到英格兰的安宁。

按照惯例,从王室成员中,亨利七世以前的英格兰国王会挑选并任命一名爱尔兰名义总督或爱尔兰郡尉。但爱尔兰总督并不会前往爱尔兰履行职务。因此,在总督下面还会设置一位代理总督负责爱尔兰政府的日常工作。1485年,亨利七世任命了叔叔贝德福德公爵贾斯珀·都铎担任爱尔兰总督。亨利七世曾经尝试与基尔代尔伯爵杰拉尔德·菲茨杰拉德沟通,告诉他只要将爱尔兰的收入明细送到英格兰,就可以担任爱尔兰代理总督,并每年享有一千英镑的收入。基尔代尔伯爵杰拉尔德·菲茨杰拉德自然拒绝了亨利七世的提议,并继续支持兰伯特·西姆内尔的反叛计划。1488年,理查德·埃奇库姆爵士起身前往爱尔

兰。此时,爱尔兰内部已经出现反对基尔代尔伯爵杰拉尔德·菲茨杰拉德的声音。基尔代尔伯爵杰拉尔德·菲茨杰拉德主要的反对者是意大利人阿马大主教奥塔维亚诺·斯皮内利。阿马大主教奥塔维亚诺·斯皮内利自称是整个爱尔兰唯一公开反对兰伯特·西姆内尔加冕的人。他恳求基尔代尔伯爵杰拉尔德·菲茨杰拉德服从亨利七世的统治,并表示自己愿意出任爱尔兰大臣,并协助基尔代尔伯爵杰拉尔德·菲茨杰拉德的工作。

亨利七世有独特的方法让爱尔兰人为其反叛行为后悔。斯托克战役结束后不久,亨利七世召集基尔代尔伯爵杰拉尔德·菲茨杰拉德和其他此前因为支持

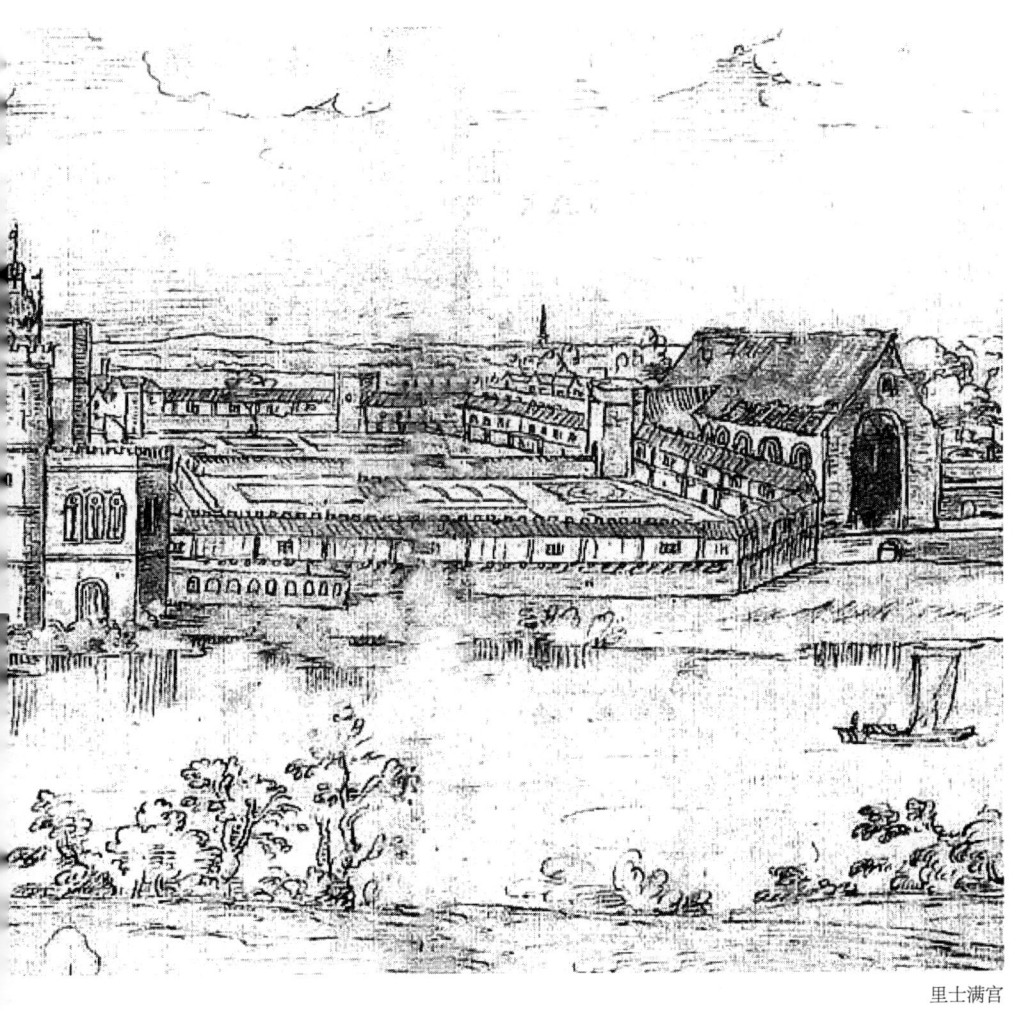

里士满宫

兰伯特·西姆内尔而被监禁的贵族参加议会。在会议开始前,亨利七世对他们的反叛行为展开漫长评论,并在最后说道:"爱尔兰的大人们,你们最终会给一个傻瓜戴上王冠!"随后,亨利七世赦免了这些爱尔兰贵族应受的惩罚,并下令让他们离开。虽然贵族们意识到自己不用接受刑罚,但他们心里并没有得到丝毫宽慰。在里士满宫,亨利七世宴请了他们,并让兰伯特·西姆内尔为他们斟酒。这可以算得上是对他们最大的羞辱。一位后世的爱尔兰作家对当时的情景进行了生动地描述,"每人都紧握酒杯一动不动,脸上的表情仿佛见到了魔鬼"。只有在场的霍斯勋爵罗伯特·圣劳伦斯相当轻松自在。此前，他向亨利七世揭露了爱尔兰的阴谋，并为亨利七世安排了这场会面。他说道："把酒拿来吧！为了这醇香的美酒和我自己，我愿意来上一杯。"随后，他又对兰伯特·西姆内尔说："你不过是个可怜的无辜者。"

理查德·埃奇库姆爵士的爱尔兰之旅结束后，两年内，爱尔兰再没有出现反对基尔代尔伯爵杰拉尔德·菲茨杰拉德的呼声。但在1490年7月28日，亨利七世写信给基尔代尔伯爵杰拉尔德·菲茨杰拉德，要求他赶到英格兰。我们不清楚在这段时间，珀金·沃贝克是否首次到达爱尔兰，被广泛接受的说法是他1491年才登陆爱尔兰的。一开始，亨利七世并不打算严厉地惩罚基尔代尔伯爵杰拉尔德·菲茨杰拉德，甚至向他表明只要在十个月内抵达英格兰，就可以赦免他的罪行。但基尔代尔伯爵杰拉尔德·菲茨杰拉德并不愿意接受召见，即使以后，他再次收到亨利七世更加礼貌的邀请。十个月的期限来临后，基尔代尔伯爵杰拉尔德·菲茨杰拉德让爱尔兰议会以自己的名义写信给亨利七世说，为了爱尔兰的安定，他无法离开爱尔兰。在信中，基尔代尔伯爵杰拉尔德·菲茨杰拉德还向亨利七世保证，自己像爱尔兰其他臣民一样忠诚，包括阿马大主教奥塔维亚诺·斯皮内利在内的十五名议会成员在信上签了名。与此同时，基尔代尔伯爵杰拉尔德·菲茨杰拉德也亲自写信告知亨利七世，他不能前往英格兰的特殊原因他需要调节德斯蒙德伯爵莫里斯·菲茨杰拉德和康诺特的伯克勋爵间的关系。在信中，基尔代尔伯爵杰拉尔德·菲茨杰拉德还写道，如果亨利七世愿意派遣亲信来爱尔兰，他可以让所有的爱尔兰贵族和神职人员都像自己一样效忠于亨利七世的亲信，其中包括那些祖上从没有听命于英格兰国王的爱尔兰贵族们。最终，在基尔代尔伯爵杰拉尔德·菲茨杰拉德的鼓动下，德斯蒙德伯爵莫里斯·菲茨杰拉德和其他三位勋爵一起聚在利默里克，给亨利七世写信说基尔代尔伯爵杰拉尔德·菲茨杰拉德必须留在爱尔兰，因为他们害怕一旦基尔代尔伯爵杰拉尔德·菲茨杰拉德离开爱尔兰，近期征服爱尔兰的对手会入侵爱尔兰北部地区。他们还担心基尔代尔伯爵杰拉尔德·菲茨杰拉德会在路上有什么闪失。

利默里克

我们可以想象亨利七世会对以上借口如何反应。但考虑到在爱尔兰，基尔代尔伯爵杰拉尔德·菲茨杰拉德拥有极其广泛的影响力，在短时间内，亨利七世无法罢免他，只能让他又担任了一年的代理总督。1492年春，亨利七世已经掌握了足够的证据，证明基尔代尔伯爵杰拉尔德·菲茨杰拉德为珀金·沃贝克提供秘密援助，尽管在基尔代尔伯爵杰拉尔德·菲茨杰拉德给亨利七世的信中，基尔代尔伯爵杰拉尔德·菲茨杰拉德还试图将珀金·沃贝克称为"那个法兰西王国小伙儿"来洗清嫌疑。最终，亨利七世罢免了基尔代尔伯爵杰拉尔德·菲茨杰拉德爱尔兰代理总督的职务，并让都柏林大主教沃尔特·菲茨西蒙出任这一职务。爱尔兰的政治权力机构被重新洗牌，基尔代尔伯爵杰拉尔德·菲茨杰拉德的岳父波特莱斯特男爵罗兰·菲茨尤斯特斯被免除爱尔兰首席大臣及爱尔兰财政大臣的职务，这两项职务分别由亚历山大·普伦基特和詹姆斯·奥蒙德取代。詹姆斯·奥蒙德是奥蒙德伯爵约翰·巴特勒的私生子。随后，詹姆斯·奥蒙德因做出重大贡献被亨利七世封爵。这样，近四十年来，约克家族在爱尔兰扶持的政治力量暂时退出了政治舞台。

皮尔斯·巴特勒的纹章

　　此时,爱尔兰的另一股反对势力巴特勒家族并未强烈反对新一任爱尔兰代理总督的统治。巴特勒家族的首领是第七任奥蒙德伯爵托马斯·巴特勒,他居住在英格兰而且还是约克的伊丽莎白的大管家。随后,他的堂兄皮尔斯·巴特勒继承了奥蒙德伯爵托马斯·巴特勒的头衔并负责看管他在爱尔兰的财产。当詹姆斯·奥蒙德被任命为爱尔兰的财政大臣时,他收到基尔代尔伯爵杰拉尔德·菲茨杰拉德的任命状,要他担任基尔代尔伯爵杰拉尔德·菲茨杰拉德在基尔肯尼的"特殊代理"。詹姆斯·奥蒙德爵士和他的堂兄奥蒙德伯爵皮尔斯·巴特勒很快因权力之争产生冲突。基尔代尔伯爵杰拉尔德·菲茨杰拉德选择了支持奥蒙德伯爵皮尔斯·巴特勒,并把女儿嫁给了他。但趁基尔代尔伯爵杰拉尔德·菲茨杰拉德地位岌岌可危时,詹姆斯·奥蒙德爵士不仅侵占了奥蒙德伯爵托马斯·巴特勒的地产,还被从不关心头衔合法性的爱尔兰人认定为真正的奥蒙德伯爵,甚至有些爱尔兰历史学家直接将詹姆斯·奥蒙德爵士称为奥蒙德伯爵。詹姆斯·奥蒙德爵士与基尔代尔伯爵杰拉尔德·菲茨杰拉德之间的冲突进一步升级。詹姆斯·奥蒙德爵士率领军队前往都柏林,在街上遭遇基尔代尔伯爵杰拉尔德·菲茨杰拉德并发生了激烈的派别冲突。战斗中,詹姆斯·奥蒙德爵士被基尔代尔伯爵杰拉尔德·菲茨杰拉德赶进圣帕特里克大教堂的礼堂,战战兢兢地躲在里面。突然,礼堂的大门被砍出了一个大洞,基尔代尔伯爵杰拉尔德·菲茨杰拉德将手伸进门内与他握手。

刚被任命为爱尔兰代理总督的都柏林大主教沃尔特·菲茨西蒙前往英格兰向亨利七世报告爱尔兰的情况,却被基尔代尔伯爵杰拉尔德·菲茨杰拉德尾随。基尔代尔伯爵杰拉尔德·菲茨杰拉德急切地想要澄清自己背负的各种罪名。对此,《霍斯之书》有过十分幽默的记载。首先,在教堂被基尔代尔伯爵杰拉尔德·菲茨杰拉德抓捕并拔剑追赶的米斯郡主教约翰·佩恩控告了基尔代尔伯爵

圣帕特里克大教堂

杰拉尔德·菲茨杰拉德的恶行。基尔代尔伯爵杰拉尔德·菲茨杰拉德回复说自己不会在没有法律顾问的情况下做出任何回应。因此,亨利七世建议基尔代尔伯爵杰拉尔德·菲茨杰拉德在英格兰选择一名法律顾问。基尔代尔伯爵杰拉尔德·菲茨杰拉德回应道:"如果是这样的话,我明天就会说出实情,但我不认为能找到心仪的法律顾问。"亨利七世说道:"我向你保证你会找到的。"不懂宫廷规矩的基尔代尔伯爵杰拉尔德·菲茨杰拉德对亨利七世说:"那把你的手给我。"亨利七世被他纯真的举动逗得哈哈大笑。基尔代尔伯爵杰拉尔德·菲茨杰拉德一直把英格兰国王放在与自己平等的地位上,并以"你"直接称呼亨利七世。一些英格兰的议员看到亨利七世的反应之后,也就不再在意基尔代尔伯爵杰拉尔德·菲茨杰拉德的粗鲁行为了。亨利七世接着说道:"那你何时才会选择一位法律顾问呢?"旁边的米斯郡主教约翰·佩恩插嘴说:"如果陛下您让他选择法律顾问,那么他是永远不会听话的。"基尔代尔伯爵杰拉尔德·菲茨杰拉德转向米斯郡主教约翰·佩恩道:"你这个道貌岸然的秃头主教简直是满嘴谎言!"随后,基尔代尔伯爵杰拉尔德·菲茨杰拉德又对亨利七世表明自己将从三个方面反驳对他的控告。亨利七世回道:"那么,你最好精挑细选一位法律顾问来协助你,恐怕他要在你身上费不少工夫。"基尔代尔伯爵杰拉尔德·菲茨杰拉德问道:"难道我现在就要选吗?"亨利七世回答:"如果你认为有必要的话。"基尔代尔伯爵杰拉尔德·菲茨杰拉德说:"在我看来,没有比陛下你更好的律师了。"亨利七世听闻大笑:"你显然做出了最完美的选择。"

  在这场谈话的最后,米斯郡主教约翰·佩恩对亨利七世说:"您也看清基尔代尔伯爵杰拉尔德·菲茨杰拉德的本性了,在爱尔兰没人能管得了他。"亨利七世回复道:"是吗?那他一定是注定要统治爱尔兰的领袖人物。"随后,《霍斯之书》的作者说明亨利七世很快就恢复了基尔代尔伯爵杰拉尔德·菲茨杰拉德代理总督一职,重重地奖赏了基尔代尔伯爵杰拉尔德·菲茨杰拉德后让他返回爱尔兰。但这一描述并不准确,因为在这场谈话发生四年以后,亨利七世才决定再次让基尔代尔伯爵杰拉尔德·菲茨杰拉德统治爱尔兰。与此同时,亨利七世建议选派英格兰人管理爱尔兰事务。1494年9月12日,他派二儿子亨利·都铎王子

奥唐奈家族的纹章

代替叔叔贝德福德公爵贾斯珀·都铎担任爱尔兰总督,并让战争经验丰富的指挥官爱德华·波宁斯爵士担任代理总督。班戈尔主教当选人亨利·迪恩担任爱尔兰首席大臣,托马斯·巴特勒担任案卷主事官,休·康韦担任财政大臣。

  显然,亨利七世希望避开爱尔兰的党争,不偏不倚地管理爱尔兰的司法事务。他希望在这方面,爱德华·波宁斯爵士能够协助他。爱德华·波宁爵士担任代理总督具有明显优势,基尔代尔伯爵杰拉尔德·菲茨杰拉德和詹姆斯·奥蒙德爵士势不两立,却都听从他的指挥。爱德华·波宁斯爵士派遣基尔代尔伯爵杰拉尔德·菲茨杰拉德和詹姆斯·奥蒙德爵士率军远征讨伐在阿尔斯特,正与苏格兰人结盟的奥唐奈家族。事实证明,让基尔代尔伯爵杰拉尔德·菲茨杰拉德和詹姆斯·奥蒙德爵士摆脱爱尔兰的党争完全不可能。当基尔代尔伯爵杰拉尔德·菲茨杰拉德和詹姆斯·奥蒙德爵士抵达阿马的奥汉隆家族所在地时,詹姆斯·奥蒙德爵士开始指责基尔代尔伯爵杰拉尔德·菲茨杰拉德不仅向奥汉隆家族提供人马密谋反抗代理总督爱德华·波宁斯爵士,还煽动爱尔兰人谋害詹姆斯·奥蒙德。此时,基尔代尔伯爵杰拉尔德·菲茨杰拉德和詹姆斯·奥蒙德爵士突然得知在卡洛城堡,基尔代尔伯爵杰拉尔德·菲茨杰拉德的弟弟詹姆斯·菲茨杰拉德爵士被逮捕。因此,这次远征行动取消。爱德华·波宁斯爵士亲自率军南下收复卡洛郡。经过漫长的激战后,他成功收复此地。随后,爱德华·波宁斯爵士前往德罗赫达召集议会。这次议会通过了影响深远的两条法案。这可能是爱尔兰历史上最重要的一次议会,会上通过的两条法案也被后人称为"波宁斯法案"。

"波宁斯法案"中的第一条规定,除非得到英格兰议会的批准,爱尔兰不得随意召开议会并通过任何法案。"波宁斯法案"中的第二条规定以前在英格兰生效的所有法律,这时起在爱尔兰也同样适用。这样,爱尔兰议会的立法权就完全依赖英格兰国王及其议会。爱尔兰议会没有权力颁布任何法律,只能接受或反对(如果他们足够勇敢的话)由爱尔兰议会起草并得到英格兰国王及其议会同意提交讨论的议案。在这以后的三百年,爱尔兰议会一直隶属于英格兰国王及其议会。因此,虽然爱尔兰拥有独立议会,但该议会已经被爱德华·波宁斯爵士颁布的法案限制了立法权。"波宁斯法案"尽管与英格兰王国的宪政原则相悖,却是确保英格兰王国政府管理爱尔兰立法的最佳手段。

值得注意的是,亨利七世正将他在英格兰颁布的政策照搬到爱尔兰。此时,英格兰议会的首要职能还不是立法,通常由国王的顾问班子负责制定新法律。随后,某些法律的初稿经英格兰议会批准后,还需由国王的部长们拟定。但只有国王才有权召集议会,而且如果国王没有对议会提出过高的财政要求,两院尤其是下议院通常不会以有悖公众福祉为由反对。

除了"波宁斯法案",本次爱尔兰议会也采取相关措施,确保在爱尔兰建立一套直接对英格兰国王负责的政府体系,譬如避免爱尔兰内部党派纷争、镇压异党等。因此,爱尔兰境内的党争得到缓解。然而,亨利七世还需保证爱尔兰能够准确执行英格兰的法律,确保占据重要职位的官员能够直接对他负责。因此,基尔代尔伯爵杰拉尔德·菲茨杰拉德的权力被控制,亨利七世命令爱尔兰的主要城堡都必须由英格兰人控制。此次议会也废除了爱尔兰可以为英格兰王国的反叛者提供庇佑的法令。此前，爱尔兰可以向英格兰的反叛者提供住所并使他们免于遭受英格兰法律的惩罚。在亨利六世的微弱统治下，爱尔兰不断强化对英格兰反叛者的庇佑，被英格兰视为叛徒的约克公爵什鲁斯伯里的理查德却在爱尔兰享有极高的权威。爱尔兰为"两个小伙子"——即兰伯特·西姆内尔和珀金·沃贝克提供的援助和支持也体现了爱尔兰对英格兰反叛者的庇佑。

事实上，仅靠立法并不能确保亨利七世在爱尔兰树立权威，爱德华·波宁斯爵士十分清楚这一点。他还需要取得爱尔兰下属的四个郡——都柏林郡、米斯郡、基尔代尔郡和劳斯郡的支持，并帮助这四个郡抗击外来侵略。在其他方面，爱德华·波宁斯爵士也努力帮助亨利七世树立权威。通过提供援助对抗外来对手，爱德华·波宁斯爵士与爱尔兰的主要部落首领达成共识，但仅凭爱德华·波宁斯爵士一人之力治理爱尔兰是不现实的。自从基尔代尔伯爵杰拉尔德·菲茨杰拉德被以叛国者的身份押送到英格兰后，基尔代尔伯爵杰拉尔德·菲茨杰拉德的血亲们就不停地制造骚乱。爱尔兰的局势比基尔代尔伯爵杰拉尔德·菲茨杰拉德担任代理总督时更加动荡不安。

在被关押一年后，基尔代尔伯爵杰拉尔德·菲茨杰拉德成功获取亨利七世的信任，并让亨利七世相信是时候让自己回到爱尔兰而不是继续囚禁在伦敦塔。基尔代尔伯爵杰拉尔德·菲茨杰拉德被押期间，珀金·沃贝克率领军队在肯特登陆作战失败。随后，珀金·沃贝克第二次造访爱尔兰并得到基尔代尔伯爵杰拉尔德·菲茨杰拉德的堂兄德斯蒙德伯爵莫里斯·菲茨杰拉德的支持。此外，在基尔代尔伯爵杰拉尔德·菲茨杰拉德被免除爱尔兰代理总督期间，其他爱尔兰贵族也制造出许多麻烦。1496年年初，爱德华·波宁斯爵士返回爱尔兰。不久，基尔代尔伯爵杰拉尔德·菲茨杰拉德被准许继续担任爱尔兰代理总督，但他的儿子第九世杰拉尔德·菲茨杰拉德必须作为人质被扣留在英格兰。直到亨利七世任期结束及其后很长一段时间，基尔代尔伯爵杰拉尔德·菲茨杰拉德仍然掌握着爱尔兰的大权。1503年，基尔代尔伯爵杰拉尔德·菲茨杰拉德被亨利七世召集到英格兰，逗留三个月后，成功将儿子带回爱尔兰。对于基尔代尔伯爵杰拉尔德·菲茨杰拉德在爱尔兰的表现，亨利七世十分满意。亨利七世与基尔代尔伯爵杰拉尔德·菲茨杰拉德不断增长的友谊，也在很大程度上提升了亨利七世对基尔代尔伯爵杰拉尔德·菲茨杰拉德的信任。后来，基尔代尔伯爵杰拉尔德·菲茨杰拉德成为英格兰东部最有权势的人。1504年，基尔代尔伯爵杰拉尔德·菲茨杰拉德更是以薄弱的兵力击败英格兰西部的反叛者，并使亨利七世在英格兰西部的权威得到迅速提升。1497年，在基尔代尔伯爵杰拉尔德·菲茨杰拉德重任爱尔兰代理总督一年后，受詹姆斯·奥蒙德爵士的唆使，珀金·沃贝克来到爱尔兰。詹姆斯·奥蒙德爵士希望巴特勒家族认定他为奥蒙德伯爵，并在巴特勒家族内部树立至高无上的权威。此外，詹姆斯·奥蒙德爵士还两次拒绝服从亨利七世要求他返回英格兰的命令，彻底撕破伪装不再对亨利七世忠诚。同年，遭遇皮尔斯·巴特勒爵士后，詹姆斯·奥蒙德爵士被对方杀害。

第 9 章

神圣同盟

精彩看点

欧洲各国对英格兰的态度——法兰西《巴塞罗那和约》——西班牙大使佩德罗·德·阿亚拉——西班牙希望英格兰加入神圣反法同盟——英格兰加入神圣反法同盟的障碍——法兰西王国再次入侵意大利——两难中的马克西米利安一世——英格兰加入神圣反法同盟——佩德罗·德·阿亚拉促进英苏和平——法军撤出意大利

登基后，亨利七世就一直急于与其他欧洲国家发展友好关系，希望通过重要的外国盟友巩固自身统治地位。然而，那时的英格兰王国对其他欧洲国家来说算不上有价值的盟友。历史上，英格兰王国积攒下的宝贵财富被法兰西王国占为己有，其国内局势仍处在动荡之中。在刚刚兴起的国内冲突中，亨利七世拥有的军事力量也消耗殆尽，给外国盟友无法提供实质帮助。事实上，其他欧洲国家都不愿冒风险与英格兰王国结成同盟。但他们都很关注英格兰王国的动态，尤其是亨利七世本人的脾气秉性。法兰西王室帮助亨利七世登上王位，他们坚信庇护兰开斯特家族的王子亨利七世比帮助约克家族的篡位者理查三世对自己更有利。相反，西班牙王国急切地试图唤起英格兰人对法兰西王国的憎恶情绪，从而使自己能与英格兰王国结成坚固的反法同盟，减少本国对抗法兰西王国需要投入的成本。

我们已经得知天主教徒阿拉贡国王斐迪南二世和王后卡斯蒂尔的伊莎贝拉一世的想法，但亨利七世似乎并没有注意到他们的奸诈之处。他认为当西班牙人正与摩尔人打得不可开交时，西班牙王国没有精力同时与法兰西王国开战。对西班牙王国来说，征服格拉纳达比从法兰西王国手中夺回鲁斯隆和塞尔达尼亚更重要，尽管两地被法兰西王国占领无疑会给西班牙王国带来麻烦。1492年，英格兰王国入侵法兰西王国，西班牙王国也成功占领格拉纳达。胜利的消息传遍整个基督教世界，英格兰王国也不免为西班牙王国出乎意料地从异教徒手

格拉纳达守军献出城门钥匙

中夺回领土而赞叹喝彩。七百年来富饶的格拉纳达一直被摩尔人占领,这不仅是西班牙王国领土的扩张更是整个基督教世界的扩张。在圣保罗大教堂,红衣主教约翰·莫顿举行了盛大的庆祝集会。

成功占领格拉纳达提升了西班牙王国的地位,但西班牙王室并不想直接与法兰西王国作战,而是想通过协商的方式收复鲁斯隆和塞尔达尼亚。西班牙王室打算把作战任务丢给马克西米利安一世和亨利七世。马克西米利安一世并未参战,而仅通过几场战斗,亨利七世就实现了自己的目的。天主教徒阿拉贡国王斐迪南二世和卡斯蒂尔的伊莎贝拉一世也与法兰西王国达成和解。但在1493年1月19日签署的《巴塞罗那条约》中,已经收复鲁斯隆和塞尔达尼亚的西班牙王国,同意背叛与英格兰王国达成的所有承诺,并资助法兰西王国对抗包括英格兰王国在内的所有对手。西班牙王国还向法兰西王国承诺只会在得到法兰西王国准许后,西班牙王国才会与英格兰王国联姻。亨利七世立刻派遣了一位特使前往西班牙。到达巴塞罗那后,使节费尽周折,才觐见了天主教徒阿拉贡国王斐迪南二世和卡斯蒂尔的伊莎贝拉一世,但他们声称西班牙王国正打算向英格兰王国派驻一名大使说明情况。话虽如此,天主教徒阿拉贡国王斐迪南二世和卡斯蒂尔的伊莎贝拉一世却丝毫不着急与英格兰展开谈判。但很快,天主教徒阿拉贡国王斐迪南二世和卡斯蒂尔的伊莎贝拉一世就体验到背信弃义的后果,在英格兰的西班牙商人抱怨受到新的贸易条约限制。为抗议英格兰王国的贸易举措,1494年11月,西班牙王国派遣了一名大使前往英格兰,但这名大使突然染病并借此拖延

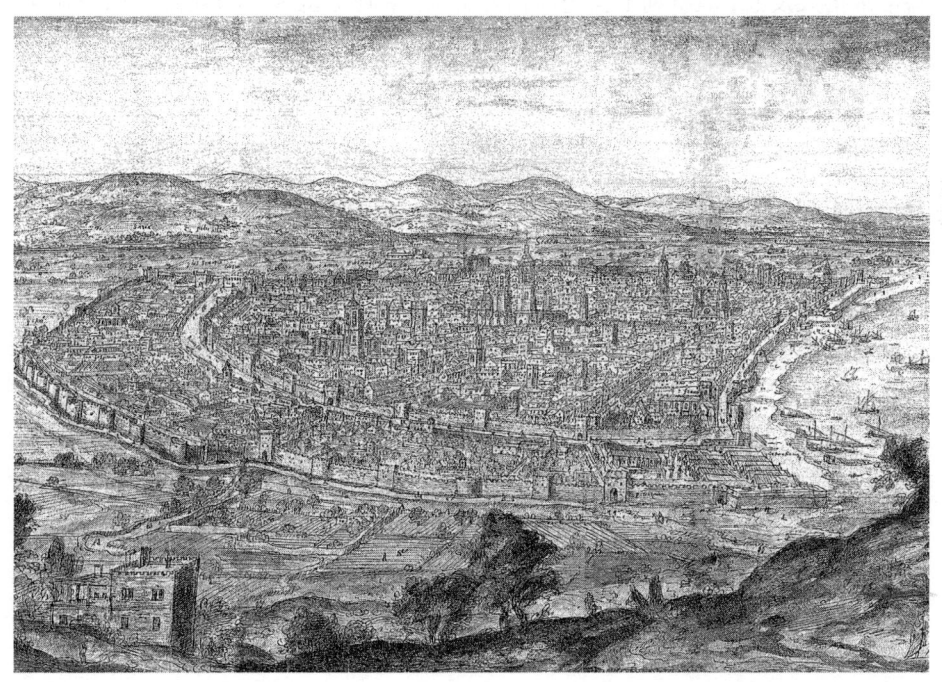

巴塞罗那

了两年没有前往英格兰王国就职。最终，西班牙王室没有选择一名杰出的大使前往英格兰，而是选择了以前曾与亨利七世打过交道的佩德罗·德·阿亚拉。

对佩德罗·德·阿亚拉的到访，亨利七世十分惊讶，因为佩德罗·德·阿亚拉并不是贵族出身也无高尚品格，甚至外貌也有失风度——他天生跛足。佩德罗·德·阿亚拉只是一名讼棍。因此，西班牙王室认为派他来应付亨利七世提出的苛刻条件再合适不过。但如果天主教徒阿拉贡国王斐迪南二世将佩德罗·德·阿亚拉视为西班牙王国在英格兰王国利益的最佳代言人，亨利七世也不会表示反对。事实上，亨利七世已经摸清了佩德罗·德·阿亚拉和天主教徒阿拉贡国王斐迪南二世的底细。几年后，不断有西班牙人抱怨佩德罗·德·阿亚拉更注重维护英格兰王国而不是本国利益。尽管天主教徒阿拉贡国王斐迪南二世一直找不到合适时机召回佩德罗·德·阿亚拉，但他也多次因佩德罗·德·阿亚拉的倒戈行为恼怒不已。几乎在所有的事情上，佩德罗·德·阿亚拉都站在英格兰王国的立场上思考问题并维护英格兰王国的利益。尽管佩德罗·德·阿亚拉的性格常常招人反感，但亨利七世与他相处融洽。亨利七世经常与佩德罗·德·阿亚拉商讨问题，向他说明自己面临的艰难处境并表达自己设身处地地为西班牙王国着想。亨利七世令佩德罗·德·阿亚拉产生了一种错觉，让佩德罗·德·阿亚拉觉得自己已经知晓了英格兰国王内心的所有秘密，而佩德罗·德·阿亚拉也沉浸在亨利七世的热情好客中。对外国驻英格兰王国的大使们来说，英格兰是一个适宜居住的好地方，而且他们从本国获得的财务援助十分有限。连续几个月，佩德罗·德·阿亚拉都在英格兰王国宫中进餐。某次，在前往英格兰宫廷的路上，佩德罗·德·阿亚拉被亨利七世发现，并被询问进宫的原因。佩德罗·德·阿亚拉回答是来进餐的，引得亨利七世大笑不止。就连伊丽莎白王后及其母亲伊丽莎白·伍德维尔王后有时也会询问佩德罗·德·阿亚拉西班牙王室是否太过小气。

1495年，佩德罗·德·阿亚拉第二次访问英格兰并受到亨利七世的热情款待。佩德罗·德·阿亚拉向亨利七世解释了为何过了这么久西班牙王室才向英格兰王国派出使节，还表明自己此次拜访英格兰王国的主要原因——抒发西班牙商人的委屈之情。此时，西班牙王国和法兰西王国的关系已经发生剧变，佩德罗·德·阿亚拉希望亨利七世作为基督教国家的国王和教皇亚历山大六世在意大利联手对付查理八世。西班牙王国还对马克西米利安一世和亨利七世之间的紧张关系感到遗憾，马克西米利安一世扶植珀金·沃贝克的阴谋行动惹怒了亨利七世。如果亨利七世愿意接受西班牙王国从中斡旋，西班牙王国很愿意促成亨利七世与马克西米利安一世的和解。亨利七世十分巧妙地回复了佩德罗·德·阿亚拉的请求。亨利七世接受了西班牙王国对其驻英格兰王国大使缺位做出的解释，但他不相信目前教皇亚历山大六世处于危险之中，因为如果真的情况紧急，那么教皇亚历山大六世一定会亲自给他写信。至于与神圣罗马帝国皇帝马克西米利安一世的关系，亨利七世表示，以前自己就为马克西米利安一世提供过慷慨帮助，也愿意原谅马克西米利安一世忘恩负义的行为，并接受西班牙王国的调解。

1493年，西班牙王室虽然抛弃了英格兰王国并与法兰西王国秘密结盟，但现在十分急切地想要扭转局势，并将英格兰王国拉入新的反法同盟。查理八世入侵意大利引起了法兰西王国的周边强国的不满和嫉妒，而他采取的轻率行动也令盟友们不想继续与他结盟。亨利七世明智冷静地处理了这些难题。他不想看到一个强大的法兰西王国，他的欧洲大陆邻国们更是如此，因此亨利七世并不想为了他国的利益盲目参战。最终，1495年3月31日，在威尼斯共和国，英格兰王国缺席神圣反法同盟聚会，参加者包括教皇亚历山大六世、神圣罗马帝国皇帝马克西米利安一世、天主教徒阿拉贡国王斐迪南二世和卡斯蒂尔的伊莎贝拉一世及威尼斯共和国和米兰公国的代表。会议结束后，天主教徒阿拉贡国王斐迪南二世和卡斯蒂尔的伊莎贝拉一世竭尽全力试图说服亨利七世加入神圣反法同盟。但他们也清楚地了解马克西米利安一世的背叛行为十分恶劣，亨利七世根本没有义务加入神圣反法同盟，一切都必须基于亨利七世的意愿。参与神圣反法同盟的欧洲各国督促亨利七世考虑一下法兰西王国过往的劣迹。尽管目前，英格兰王国和西班牙王国间的旧条约已失效，但西班牙王国愿意通过阿瑟·都铎王子与阿拉贡的凯瑟琳公主的联姻继续两国间的合作。在珀金·沃贝克叛乱时，神圣反法同盟也可以为亨利七世提供援助。

波旁公爵彼得二世

显然，此时，英格兰王国与法兰西王国结盟会对现行的神圣反法同盟造成极大威胁。因此，天主教徒阿拉贡国王斐迪南二世写信给佩德罗·德·阿亚拉，让他极力阻止上述情况发生。另外，法兰西王国也想继续巩固与英格兰王国的关系。因此，法兰西王国提议将波旁公爵彼得二世的某位女儿嫁给阿瑟·都铎王子。如果亨利七世想在法兰西王国与神圣反法同盟中间保持中立，那么为英格兰王国与法兰西王国间能顺利结盟，法兰西王国愿意提出更优惠的条件，譬如，查理八世愿意劝说詹姆斯四世不要支持珀金·沃贝克骚扰英格兰王国与苏格兰王国的边界。亨利七世将法兰西王国开出的优惠条件都告知了西班牙大使，但他还有一个拒绝加入神圣反法同盟的重要原因,他怎么能加入包含马克西米利安一世的同盟呢?只要马克西米利安一世支持珀金·沃贝克,马克西米利安一世就已经成为英格兰王国的对手。那么,马克西米利安一世与亨利七世的结盟行为不过是伪装出的友谊,而且马克西米利安一世与天主教徒阿拉贡国王斐迪南二世的联盟更增强了他将来损害英格兰王国利益的实力。此时,由于两桩婚事——一桩是马克西米利安一世的儿子奥地利大公哈布斯堡的菲利普和天主教徒阿拉贡国王斐迪南二世与卡斯蒂尔的伊莎贝拉一世的二女儿阿拉贡的凯瑟琳的姐姐

阿拉贡的凯瑟琳

阿斯图里亚斯王子胡安

卡斯蒂尔的胡安娜的结合，另一桩是西班牙王室继承人阿斯图里亚斯王子胡安和马克西米利安一世的女儿奥地利的玛格丽特的结合，马克西米利安一世和天主教徒阿拉贡国王斐迪南二世的联盟变得更加紧密。马克西米利安一世不仅为珀金·沃贝克提供庇佑而且还积极协助他进攻英格兰。既然阿拉贡的凯瑟琳的姐姐卡斯蒂尔的胡安娜将与奥地利大公哈布斯堡的菲利普结合，那么亨利七世怎能让阿瑟·都铎王子与阿拉贡的凯瑟琳公主结婚呢？此时，天主教徒阿拉贡国王斐迪南二世更需要英格兰王国的支持。因此，他声称可以轻易地让马克西米利安一世放弃援助珀金·沃贝克并与亨利七世和解。天主教徒阿拉贡国王斐迪南二世向亨利七世保证，珀金·沃贝克登陆因英格兰失败而离开佛兰德斯后，马克西米利安一世不再有任何借口可以为珀金·沃贝克提供援助。毫无疑问，法兰西国王查理八世和苏格兰国王詹姆斯四世将会对珀金·沃贝克伸出援手。因此，亨利七世更应该加入神圣反法同盟。此时，一位苏格兰王国派往西班牙王国的特使正在拜访西班牙王国。因此，天主教徒阿拉贡国王斐迪南二世相信只要亨利七世愿意加入同盟，他就一定可以劝说苏格兰国王詹姆斯四世停止援助珀金·沃贝克。总而言之，只要亨利七世抛弃法兰西王国加入神圣反法同盟，天主教徒阿拉贡国王斐迪南二世就可以答应英格兰王国提出的任何要求。如果这些游说均以失败告终，天主教徒阿拉贡国王斐迪南二世甚至准备好通过签订条约的方式要求马克西米利安一世不仅停止援助珀金·沃贝克，而且要向亨利七世提供援助对付珀金·沃贝克。但佩德罗·德·阿亚拉很机智地没有对亨利七世提及这点，天主教徒阿拉贡国王斐迪南二世得知后也十分感激他的谨慎机敏。

此刻，马克西米利安一世面临着一个难题。天主教徒阿拉贡国王斐迪南二世希望自己和米兰公爵卢多维科·马里亚·斯福尔扎的劝告，能让马克西米利安一世放弃对珀金·沃贝克的援助。但1494年，马克西米利安一世刚刚娶了米兰公爵卢多维科·马里亚·斯福尔扎的侄女比安卡·玛利亚·斯福尔扎，并听从米兰公爵卢多维科·马里亚·斯福尔扎的建议加入神圣反法同盟。马克西米利安一世和他的儿子奥地利大公哈布斯堡的菲利普的立场完全被勃艮第公爵夫人约克的玛格丽特控制，任何盟友都不能让这对父子放弃他们的立场，除非珀金·沃贝克的反叛计划最终失败。尽管在迪尔，珀金·沃贝克的军队遭遇了失败，但他的支持者们也不认为这意味着珀金·沃贝克最终会失败。珀金·沃贝克的支持者们始终相信即使最初珀金·沃贝克率军袭击英格兰的行动失败，在爱尔兰和苏格兰，他仍然可以找到新机会。后来，尽管在爱尔兰，珀金·沃贝克的军队再次遭遇惨败，他的支持者们仍然相信，既然在迪尔战役结束后短短四个月内，珀金·沃贝克能再次受到苏格兰王室的热情欢迎，那么他一定还会有其他机会。最终，迫于神圣反法同盟各国的压力，马克西米利安一世不得不同意接受英格

珀西家族的纹章

兰王国进入神圣反法同盟，但他坚持要在"约克公爵珀金·沃贝克"的问题上增加额外条款——他不会因此中止对珀金·沃贝克的援助。

  亨利七世必然不会接受马克西米利安一世继续承认珀金·沃贝克合法性的要求。马克西米利安一世的大使付出一番心血后，希望亨利七世能派埃格勒蒙特勋爵前来谈判。埃格勒蒙特勋爵是一位谈判技艺高超的外交官，出自赫赫有名的珀西家族（尽管当代的历史学家可能对他不甚了解）。以前，他曾参与苏格兰问题的谈判。1496年1月，艾格蒙特勋爵先抵达马克西米利安一世的宫廷。随后，他又搬到施瓦本的讷德林根。然而，珀金·沃贝克离开尼德兰后，神圣反法同盟不再稳固。埃格勒蒙特勋爵需要做的第一件事就是确认马克西米利安一世加入的神圣反法同盟是否仍在运转。法兰西王国与米兰公国间已经单独达成和平协议。更有传言说，威尼斯共和国与米兰公国也签署了和平协议。

查理八世尽管已经赢得远征意大利的关键战役——福尔诺沃战役的胜利，但因他的堂兄奥尔良公爵路易二世被米兰公爵卢多维科·马里亚·斯福尔扎的军队围困在诺瓦拉而无法撤军。奥尔良公爵路易二世是查理六世的弟弟、前任奥尔良公爵路易一世的孙子。因计划与米兰公爵吉安·加莱亚佐·维斯孔蒂的女儿结婚，在巴黎街头，前任奥尔良公爵路易一世被人暗杀。因此，奥尔良公爵路易

福尔诺沃战役

二世拥有奥尔良公爵领地的所有权。原本，奥尔良公爵路易二世的军队已经占领诺瓦拉，却被米兰公爵卢多维科·马里亚·斯福尔扎的部队包围，并陷入弹尽粮绝的境地。查理八世召集瑞士雇佣兵前去解围，米兰公爵卢多维科·马里亚·斯福尔扎却趁机提出要求法军撤离意大利，还要法兰西王国承认自己对米兰公国的统治权。随后，米兰公爵卢多维科·马里亚·斯福尔扎如愿以偿地与法兰西王国签署协议。作为回报，米兰公爵卢多维科·马里亚·斯福尔扎承诺帮助查理八世封锁那不勒斯王国。米兰公爵卢多维科·马里亚·斯福尔扎还要求威尼斯共和国也在协议上签字，却遭到拒绝。米兰公爵卢多维科·马里亚·斯福尔扎做事总是口是心非，他宣称米兰公国仍是神圣联盟的成员，私下却促成法兰西王国对意大利的再次入侵。但他的盟友们把他与法兰西王国签署的协议看作是临时性的，因此，米兰公爵卢多维科·马里亚·斯福尔扎没有被赶出神圣反法同盟。因此，在神圣罗马帝国宫廷中，马克西米利安一世咨询了神圣反法同盟的代表后，向埃格勒蒙特勋爵保证：一方面威尼斯共和国不会与法兰西王国达成和平协议，另一方面米兰公爵卢多维科·马里亚·斯福尔扎与法兰西王国签订的协议里明确指出，他不会脱离神圣反法同盟。经过马克西米利安一世派出的神圣罗马帝国驻英格兰王国大使的一番努力，这时，亨利七世可以顺利地加入神圣反法同盟。在对埃格勒蒙特勋爵的谈话中，马克西米利安一世再次申明对珀金·沃贝克的信任，他坚定地相信珀金·沃贝克一定是爱德华四世的儿子。马克西米利安一世还提到，如果亨利七世愿意加入神圣反法同盟，那么他可以推动珀金·沃贝克与亨利七世达成十年休战协议。此外，他还要求亨利七世必须在复活节期间入侵法兰西王国。然而，以上要求却分别遭到西班牙王国、威尼斯共和国、那不勒斯王国和米兰公国驻神圣罗马帝国的大使们的共同抗议，他们一致认为继续提及所谓的"约克公爵珀金·沃贝克"将会损害谈判的进程。因此，他们建议马克西米利安一世放弃珀金·沃贝克，以免冒犯亨利七世。达成共识后，西班牙王国将向英格兰王国承诺马克西米利安一世将会与其他盟友态度保持一致。大使们还说，如果他们没能成功地将英格兰王国拉进神圣反法同盟，那么英格兰王国将会转而投奔法兰西王国，并成为神圣反法同盟的劲敌。

眼下，马克西米利安一世进退两难。一方面，他在珀金·沃贝克身上投入了太多而且仍然对珀金·沃贝克抱有期望；另一方面，他必须与亨利七世结盟，但亨利七世不会像珀金·沃贝克那样，登基后仍然愿意向法兰西王国宣战。马克西米利安一世自视甚高地认为其他国家都错误地高估了亨利七世对神圣反法同盟的影响。在马克西米利安一世看来，亨利七世选择支持神圣反法同盟还是支持法兰西王国是出自双方对"约克公爵珀金·沃贝克"的态度。但马克西米利安一世还是服从盟友的意见，并派人会见西班牙王国驻英格兰王国大使——考虑到对珀金·沃贝克的诺言，马克西米利安一世不愿亲自出马。他希望能在西班牙大使那里得到说服亨利七世加入神圣反法同盟，和对法兰西王国作战的建议。亨利七世不出意料地再次拒绝马克西米利安一世的要求。如果此刻，亨利七世能通过入侵法兰西王国来吸引查理八世在意大利的兵力，对神圣反法同盟来说就再好不过。以前的惨痛经历让亨利七世明白，一旦加入神圣反法同盟，自己将会承担所有对法兰西王国的作战责任。此外，他也不相信，马克西米利安一世此刻已经做好对法兰西宣战的准备。但从外交的角度来看，马克西米利安一世愿意让步就已经是一大胜利。亨利七世派出老朋友克里斯托弗·厄斯威克神父前去觐见在奥格斯堡的马克西米利安一世。接见了克里斯托弗·厄斯威克神父后，马克西米利安一世被其他国家驻神圣罗马帝国大使说服，同意亨利七世加入神圣反法同盟，并不再坚持英格兰王国必须对法兰西王国宣战的苛刻条件。

马克西米利安一世认为亨利七世如果想跟自己建立友谊，就必须多提供些好处。此刻，天主教徒阿拉贡国王斐迪南二世和卡斯蒂尔的伊莎贝拉一世却十分焦急。他们不仅担心亨利七世不愿加入神圣反法同盟，还十分害怕英格兰王国与法兰西王国联姻。当他们收到亨利七世关于英格兰王国解散驻法兰西王国大使馆、要求查理八世撤离那不勒斯王国、将奥斯蒂亚归还给教皇亚历山大六世，并承诺维持欧洲和平的通知时，他们心中的石头才落了地。这时，他们确信亨利七世确实愿意加入神圣反法同盟。亨利七世曾一度要求在英格兰重建神圣反法同盟，而不是仅仅作为新盟友加入神圣反法同盟。考虑到佩德罗·德·阿亚拉不仅可以说服西班牙王室，还有能力劝说教皇亚历山大六世和神圣罗马帝国皇帝马克西米利安一世，因此，对亨利七世来说，以上要求并不难实现。但考虑到天主教徒阿拉贡国王斐迪南二世和王后卡斯蒂尔的伊莎贝拉一世面临的紧急局势，再加上法兰西王国计划对意大利实施第二次入侵，1496年7月18日，亨利七世派罗伯特·舍伯恩神父和奇切斯特主教爱德华·斯托里前往罗马，宣布英格兰王国正式加入神圣反法同盟，而且不必承担某些成员必须尽的义务。

英格兰加入神圣反法同盟的消息受到除马克西米利安一世外其他神圣反法同盟成员的热烈欢迎。这时，马克西米利安一世还与在苏格兰的珀金·沃贝克保持着密切联系。亨利七世的加入极大地增强了神圣反法同盟的实力。在威尼斯共和国正式宣布英格兰王国加入神圣反法同盟的消息后，英格兰王国加入神圣反法同盟的正式通告发布，人们用篝火和鸣钟的方式庆祝英格兰王国加入神圣反法同盟。教皇亚历山大六世深知亨利七世的支持是雪中送炭的行为，因此，赐予亨利七世一把利剑和坚忍之冕。在万灵日，亨利七世恭敬地接受了教皇亚历山大六世的馈赠。尽管卡斯蒂尔的伊莎贝拉一世希望亨利七世能立即对法兰西王国宣战，但天主教徒阿拉贡国王斐迪南二世和卡斯蒂尔的伊莎贝拉一世也当场向亨利七世表达了感激之情。卡斯蒂尔的伊莎贝拉一世急切地希望阿瑟·都铎王子和阿拉贡的凯瑟琳公主的婚姻能尽快提上日程，因为他们间的联姻可以进一步巩固和维系神圣反法同盟。尽管对西班牙王室来说，成功地让英格兰王国加入神圣反法同盟是一大胜利，但卡斯蒂尔的伊莎贝拉一世对亨利七世提出的条件并不满意。卡斯蒂尔的伊莎贝拉一世认为亨利七世即使不能立刻对法兰西王国宣战，也必须在海上协助西班牙舰队赢得胜利，而且佩德罗·德·阿亚拉必须抓住此次机会让亨利七世做出更大让步。如果亨利七世借口备战而迟迟不肯宣战，那法兰西国王查理八世必然会为亨利七世提供更多优惠条件。卡斯蒂尔的伊莎贝拉一世坚持必须警告亨利七世，如果已经控制了米兰公国和热那亚共和国的法兰西国王查理八世能够统治意大利，那将没有任何国家能阻挡法兰西王国，就连教皇亚历山大六世也会沦为查理八世的神父。她认为亨利七世必须承担起保护意大利的责任，哪怕是为了防止查理八世因对战争过度狂热而走向灭亡。

卡斯蒂尔的伊莎贝拉一世充满自信地向西班牙驻英格兰大使佩德罗·德·阿亚拉阐明了自己的观点。西班牙王室并没有忘记当时为吸引亨利七世加入神圣反法同盟而做出的承诺。西班牙王国必须有效保护亨利七世免受来自苏格兰王国的侵犯。因此，西班牙王室努力使苏格兰国王詹姆斯四世放弃继续庇佑珀金·沃贝克，以对亨利七世释放善意。此前，詹姆斯四世曾向西班牙王室提出联姻意愿，但西班牙王室一直没有认真考虑过他的请求。此时，詹姆斯四世再次派遣大使向西班牙王室提亲。与此同时，詹姆斯四世声明由于苏格兰王国与法兰西王国之间存在诸多矛盾。因此，他十分愿意放弃法兰西王国，并与西班牙王国达成政治联盟。西班牙王室有些不知所措，虽然他们很乐意将两个女儿分别许配给威尔士亲王阿瑟·都铎王子和苏格兰国王詹姆斯四世，而且这将有助于进一步孤立法兰西王国并拉近英格兰王国与苏格兰王国之间的关系。但西班牙国王的四位女儿都已经与他人订婚，因此，西班牙王室打算秘密地与亨利七世商讨联姻事宜并尽可能地拖住詹姆斯四世。同时，西班牙王室要求亨利七世陪嫁一笔丰厚的嫁妆，并将某位英格兰公主嫁给詹姆斯四世。

带着这样的想法，西班牙王室派出佩德罗·德·阿亚拉作为西班牙王国驻苏格兰王国的大使，前往苏格兰王国。他与佩德罗·德·阿亚拉风格完全不同。驻苏格兰大使拥有的优雅举止和广博知识可以帮助他完成最艰巨的外交任务。西班牙王室后悔没能早点派他前往苏格兰阻止詹姆斯四世对珀金·沃贝克的援助。驻苏格兰大使刚抵达苏格兰，事情就朝着有利于和平的方向发展了。他很快取得詹姆斯四世的信任和尊重，还给西班牙王室写了一封有趣的信，描述詹姆斯四世的性格和成就。在苏格兰居住了一段时间后，驻苏格兰王国大使被公认为是一位细心和冷静的观察者、深谙苏格兰王国国情的大使。历史上，英格兰人总是看不惯苏格兰人的所作所为。但驻苏格兰大使竟能一方面让亨利七世愿意将其女儿嫁给詹姆斯四世，另一方面让詹姆斯四世摒弃成见，接受一位英格兰公主而不是西班牙公主。因此，我们可以看到驻苏格兰大使高超的外交技巧。

后面，我们还会谈到驻苏格兰大使佩德罗·德·阿亚拉这位了不起的外交官，因为现在我们要回顾一下亨利七世与其他欧洲亲王的关系。加入神圣反法同盟前，亨利七世就已经恢复了和佛兰德斯的贸易往来。奥地利大公哈布斯堡的菲利普也将国内顶级的外交官派往英格兰王国，并在1496年2月24日与亨利七世签署商贸协议。此份协议使马克西米利安一世十分震惊，他也逐渐认识到自己对珀金·沃贝克投入的一切都已经泡汤。此时，亨利七世已经确保了英格兰的安全。因此，他拒绝了法兰西王国的请求，并在1497年正式加入神圣反法同盟。查理八世发现自己已经被发誓要将他赶出意大利的神圣反法同盟成员包围。因此，他只能签署协议撤离那不勒斯王国。随后，查理八世又与天主教徒阿拉贡国王斐迪南二世签署休战协议，而重新夺回鲁斯隆的西班牙军队也开始不断侵犯法兰西王国南部。休战协议带来了和平，天主教徒阿拉贡国王斐迪南二世并没有忘记让亨利七世也在休战协议上签字。事实上，除了亨利七世，神圣反法同盟的其他盟友并没有在帮助西班牙王国避免一场昂贵的战争上出力。

自此，法兰西王国对欧洲的野心告一段落，欧洲的和平似乎得到了保障。但查理八世的突然去世又令欧洲局势再起波澜，我们将在后来的章节中讲述这段历史。

第 **10** 章

康沃尔人与珀金·沃贝克之乱

精彩看点

欧洲各国对英格兰的态度——法西《巴塞罗那和约》——西班牙大使佩德罗·德·阿亚拉——西班牙希望英格兰加入神圣反法同盟——英格兰加入神圣反法同盟的障碍——法兰西王国再次入侵意大利——两难中的马克西米利安一世——英格兰加入神圣反法同盟——唐·佩德罗·德·阿亚拉促进英苏和平——法军撤出意大利

亨利七世能够稳居王位的主要原因之一是他拥有极高的财政信用。在亨利七世登基后第一年，即1485年他曾向英格兰议会借款六千马克，约合当时四千英镑。但最终，英格兰议会只同意借给亨利七世三千马克。亨利七世欣然接受了这笔打折的贷款，没有表示出任何不悦并准时偿还。因此，1488年7月，英格兰议会再次贷给他两千英镑。但根据某些权威记载，这次英格兰议会再次贷给亨利七世四千英镑。亨利七世再次按时偿还了借款。亨利七世对待借款向来谨慎小心，英格兰国内随后的革命和内战曾一度对他的财政信用造成影响，但一贯的准时偿付和日益坚实的财富积累很快恢复了他的信用。亨利七世将积攒的大部分财富用于购买珠宝。珠宝不仅为他的宫廷增加了几分贵气，更可用作日后贷款的担保。因此，在亨利七世执政早期，尽管他的财富逐渐增多，但他的个人财政记录仍显示他经常借贷，并且保证提前还款。

当英格兰王国与法兰西王国即将开战时，亨利七世忽然发现，向臣民寻求资金援助时似乎比向议会借款更加快捷有效。尽管理查三世曾颁布法案禁止向民间集资，但亨利七世仍打着所谓慈善的旗号从民间募集资金。根据圣奥尔本子爵弗朗西斯·培根爵士的记载，亨利七世曾以英格兰议会的名义寻求财政援助，但事实上，他从来没有这么做过。当时的英格兰议会也与现在的英国议会截然不同，亨利七世时代所谓大议会只能被认为是现代议会的雏形。大议会通常只在发生重大危机时才召开，议员包括王室贵族和重要城镇的领袖代表，这些议员所做决策的分量与今天英国议会议员所做的差不多。尽管英格兰王国与法兰西王国的战事已经到了一触即发的紧要关口，但1491年6月召开的大议会及时制止了亨利七世以慈善名义募集战争资金的行为。大议会的决议虽然没有受到普遍欢迎，但也没有引起全国性不满。

英格兰议会的反对并没有阻碍亨利七世实现他的意图。在英格兰国内，对法兰西王国宣战呼声甚高，这为以民众名义筹集战争资金提供了便利。因此，没法将这种筹集资金的行为称为敲诈行为。但值得注意的是，英格兰君主直接向富裕的民众和大公司索取资金这一权力极易被滥用，并且英格兰议会的议员们相信有关募集资金的旨意会给普通民众带来极大的财政压力。因此，毋庸置疑，来自议会的制裁是具有法律效力的。红衣主教约翰·莫顿负责撰写这些旨意，这些旨意更被称作"莫顿的餐叉"而广为人知。通过这些旨意，红衣主教约翰·莫顿指导着议员们的行为，根据圣奥尔本子爵弗朗西斯·培根记载，"亨利七世和红衣主教约翰·莫顿如果在需要钱的时候就财政紧张，就会强调自己必须要拿到这笔钱，并将这笔钱储蓄起来；如果需要钱仅仅是为了继续大手大脚，那么他们会说自己必须要拿到这笔钱来保持自己的生活水准；总之，他们总有合适的理由。"这样的评论听起来未免有些残酷，圣奥尔本子爵弗朗西斯·培根也曾用类似的话语形容过亨利七世，说亨利七世"利用战争谋取双倍的好处：一方面亨利七世以发动战争为由向民众敛财，另一方面他以维护和平为由敲诈对手"。然而，并不是所有的英格兰民众都资助了战争，以慈善为名收集资金这种行为本身就不合法。当英格兰王国与法兰西王国和解之后，以前没有捐钱的民众自然认为自己不必再交钱，但三年后，亨利七世颁布了一条法案，规定苛捐具有可回溯性，强迫所有欠款的心存侥幸的民众重新补交全部的金额。

亨利七世在执政早期所执行的苛捐杂税政策贯穿了他的整个执政时期。在禁止英格兰君主向民间筹集资金这条议会法案颁布的那年，伦敦市议员威廉·卡佩尔爵士因为被理查德·恩普森爵士这位著名讼棍以莫须有的罪名控告，根据旧法规定需要缴纳两千七百英镑的罚金。最终，威廉·卡佩尔爵士获取亨利七世的同意将罚金减少到一千六百英镑。此案和以后一系列与理查德·恩普

理查德·恩普森（左）、亨利七世（中）和埃蒙德·达德利（右）

森和埃蒙德·达德利相关案件的判决结果一样，都具有双重目的：一是增强法律的权威性；二是以不易引起民众抱怨的方式填充国王的财库。除此之外，国王的威望也极大地提升了。亨利七世希望以这种方式保证自己有充足的财政收入。与此同时，在最大程度上，这样做避免了国民承担过重的赋税。而英格兰人，尤其是那些像约翰·福蒂斯丘爵士这样的政治家和大法官，都希望亨利七世能有自己的财政收入，而不是靠议会的保证金生活。相比以前的英格兰君主，亨利七世更能深刻地理解财富是权力的重要来源。亨利七世甚至亲自记账，很多流传至今的账本上还保留着他关于每项特定收入和支出的笔迹。

弗朗西斯·培根

对亨利七世来说，增强法律的威慑力比充实国库更加艰难。尽管许多严重的罪行都可以通过支付高额罚金的方式来逃避处罚，但对那些臭名昭著的案件，还是需要采取严厉的处罚方式。据说，对罗伯特·克利福德爵士揭露的英格兰国内密谋支持珀金·沃贝克一案，亨利七世早有察觉并提前做好了准备。亨利七世已经怀疑威廉·斯坦利爵士很久了。现代读者很难了解此案的真相，因为我们找不到任何有关此案的判决或法令。众所周知，这一时期叛国罪是极其严重的罪行，我们只能从圣奥尔本子爵弗朗西斯·培根对案件的描述来判断事实的真相。在自己的书中，圣奥尔本子爵弗朗西斯·培根指出威廉·斯坦利爵士曾对罗伯特·克利福德爵士说过，如果珀金·沃贝克真的是爱德华四世的儿子，那么自己绝不会用武力反抗珀金·沃贝克。但也有当代作家声称威廉·斯坦利爵士曾经承诺将资助珀金·沃贝克的谋反计划，这类描述可能更接近事实真相，否则我们很难解释，亨利七世为何狠心处决了自己在战场上曾经的救命恩人和辅佐自己登上王位的功臣。

威廉·斯坦利爵士被处决后，也许接下来，亨利七世希望展示一下自己实施仁治的决心。1491年10月召开的英格兰议会通过了一项有悖时代精神的法案，就连一个世纪后为亨利七世撰写传记的圣奥尔本子爵弗朗西斯·培根都将这一法案称作"一项非常奇特、公正却不太合法，与其说是未雨绸缪，不如说是宽容大量的法律"。这项法律规定，凡是为事实国王①效力的人可免遭法律程序和国会法案的指控。在亨利七世看来，惩罚那些为理查三世效力的人似乎有失公允，因为他们只是在尽自己的职责。如果不这样做，每个人都将有权探究国王的头衔是否合法——而这在当时是极其危险的举动。因此，在当时，这项法律的颁布毫无疑问充分体现了公正性，它明确反对现任议会在剥夺公民财产和其他方面束缚下任议会的权力。但圣奥尔本子爵弗朗西斯·培根将这项法律描述为"与其说是政治手段，不如说是宽宏大量"，让我们不禁疑惑，亨利七世是否真的是因为宽宏大量才颁布了这项法律。圣奥尔本子爵弗朗西斯·培根准确地观察到这项法律会削弱亨利七世对支持者的控制权，因为他的支持者们的生命财产已经得到了保护，没有必要再为国王拼死血战了。但正如圣奥尔本子爵弗朗西斯·培根所说："它肯定会赢得民众对国王的爱戴，并为国王收获民心，因为国王将自己的安危放在了民众的性命安全之后。但它也同时切断了国王与其支持者之间的联系，让其支持者觉得没有必要在战场上拼尽全力，因为无论是坚守阵地还是逃离战场，他们的生命财产都得到了保障。"圣奥尔本子爵弗朗西斯·培根似乎通过这些言语在解读自己的疑惑。亨利七世统治前期，曾经剥夺过某些人的公民权及财产权，并且引起当时社会的恐慌。这项通过的新法律尽管没有排除所有风险，但无疑也是对付约克家族阴谋的有效手段。

---

① 指英格兰王国的实际最高统治者，尽管这名最高统治者的头衔并不一定是国王/女王。

这次在1491年10月召开的议会还以确保公平的名义通过了关于追缴慈善税务的法案，声称是应已经缴纳这项税款民众的强烈呼声而制定的。此外，本次议会还通过了一项有助司法公正的法律，对民事诉讼中做出错误裁定的陪审员进行惩罚并剥夺他们的人身和财产权利。上述立法主要出自亨利七世巩固自身执政地位的考虑，因为同时保护了民众的利益，所以收获了广泛支持。只有在这种稳定安宁的环境下才能推行公正的立法工作，解决过去遗留的各种不公正问题和纠正以前太过严苛的法律。在国内外，亨利七世的地位都显著提高了。此时，滞留在苏格兰的珀金·沃贝克已经被奥地利大公哈布斯堡的菲利普抛弃，英格兰王国和佛兰德斯伯国之间的商贸往来也重新恢复。尼德兰不会再为任何英格兰的叛党提供庇护，即使是在勃艮第公爵夫人约克的玛格丽特的领地也不能这样做。除了马克西米利安一世和查理八世（因为他们与英格兰王国的利益相悖，所以最好与之保持距离），所有的欧洲王室都努力与英格兰王国建立友好关系。

这一时期，苏格兰对亨利七世来说依旧为是非之地。在詹姆斯四世和珀金·沃贝克对英格兰王国北部实施入侵后不久，在威斯敏斯特宫，亨利七世召集了一届大议会，英格兰所有主要城镇都派出代表参会。议会召开十四天后，议会代表都同意向亨利七世提供十二万英镑的资金，用于防御苏格兰王国的入侵。除此之外，英格兰议会还将提供给亨利七世额外四万英镑的贷款。在1497年1月16日再次召开的议会上，英格兰议会又以拨付补贴的形式正式通过了十二万英镑的保障资金。但亨利七世的代理人们立即开始收取这项资金，最初是从伦敦索取这项资金，后来又将索取范围扩展到英格兰其他地区。而亨利七世以前颁布的关于追缴慈善税款的法令也开始生效。最终，亨利七世多筹得了一万八千英镑的资金。圣奥尔本子爵弗朗西斯·培根关于亨利七世所发动的战争"总是能给他带来无尽的财富"的评价就是出自这里。

然而，亨利七世先后获得贷款、补贴和慈善税款的行为引起了不小骚动。率直的康沃尔人开始对苛捐杂税窃窃私语，认为亨利七世此举是通过夸大"一点极易平息的苏格兰暴动"来敛财。一位名为托马斯·弗莱莫克的律师更是煽风点火地表示，从来没有以防御苏格兰王国入侵为由拨付如此高额的补贴，正确的防御方式应该是扩大兵役而不是敛财。托马斯·弗莱莫克还说亨利七世这样做不过是为防止大批来自康沃尔人的武装抗议活动。按照以往方式,如果发生武装抗议活动,反抗者不敢透露出自己任何不忠诚的想法,而只能寄希望这些给亨利七世出馊主意的顾问们早日被撤职。一位来自博德明的名叫迈克尔·约瑟夫的铁匠也像托马斯·弗莱莫克一样忙于煽风点火,激起民愤。他们两人还担任了前往伦敦游行队伍的领袖。这支游行队伍带着弓箭和盾牌等简单武器,平安无事地经过了德文郡,但在萨默塞特的汤顿杀害了一名同意向亨利七世提供补贴的议员。奥德利男爵詹姆斯·塔切特在韦尔斯加入了这支队伍并成为这支队伍的领袖,并且带领众人在一路没有遭遇任何抵抗的情况下,前往索尔斯

索尔斯伯里

伯里和温彻斯特两地。由于他听说肯特人最具有自由精神，托马斯·弗莱莫克决心前往肯特。然而，虽然在沃特·泰勒和杰克·凯德的领导下，肯特的民众给以前的英格兰国王制造了不少麻烦，但他们的起义只是出于对政府不公正和无序治理的不满。他们丝毫不会同情这群反抗合法赋税的叛军，而且此时，肯特人对亨利七世万分忠诚。因此，当这支叛军进入肯特郡时，其成员发现他们得到的同情和支持甚至少于沿途经过的英格兰其他地区。

这次从康沃尔爆发的起义令亨利七世感到十分吃惊和困惑。他原本派出由贾尔斯·多布尼勋爵率领的军队北上抗击苏格兰王国的入侵，听到起义消息后又将北上的军队召回，仅派萨里伯爵托马斯·霍华德北上防御苏格兰王国的入侵。亨利七世自己则率领军队离开伦敦，一路向西行来到伍德斯托克。但出于谨慎，亨利七世没有下令攻击叛军，因为他知道，自己的军队经过漫长的远征一定无比疲惫。在吉尔德福，叛军与贾尔斯·多布尼勋爵的队伍几乎相遇。最后，在布莱克希思，贾尔斯·多布尼勋爵的军队驻扎下来，那里可以俯瞰整个伦敦。此时，亨利七世也率军从伍德斯托克返回，并在圣乔治牧场加入贾尔斯·多布尼勋爵的大军。此时，圣乔治牧场已经解除了警戒，因为除了亨利七世和贾尔斯·多布尼勋爵的部队，牛津伯爵约翰·德·维尔、埃塞克斯伯爵亨利·鲍彻和萨福克伯爵约翰·德·拉·波尔手下的部队也在附近驻扎。1497年6月17日早上，支持亨利七世的大批军队将叛军包围，贾尔斯·多布尼勋爵的军队则向着伦敦方向逼近叛军的驻扎地。之前在肯特的冷遇使叛军备受打击。被支持亨利七世的军队包围后，叛军迅速溃败。但在战事初期，贾尔斯·多布尼勋爵还是被叛军暂时包围并陷入危险境地。一万五千名叛军中有超过两千名士兵被杀，包括三位首领即奥德利勋爵詹姆斯·塔切特、托马斯·弗莱莫克和迈克尔·约瑟夫在内的许多叛军成员都被俘虏。

亨利七世尽管最终取得胜利，但仍展示了自己仁慈的胸怀。奥地利勋爵詹姆斯·塔切特被套上纸做的盔甲，盔甲上面画着他家族颠倒过来的盾形纹章，游街示众后在伦敦塔被处决。托马斯·弗莱莫克和迈克尔·约瑟夫则在泰伯恩的刑场施以绞刑后开膛分尸。除了被处决的三位叛军首领，其他叛乱的参与者都

泰伯恩的刑场

得到亨利七世的赦免。在对康沃尔叛乱的处理中,亨利七世展现的仁慈与他对珀金·沃贝克的军队在迪尔登陆后的表现大相径庭。那次,亨利七世处决了约一百五十名叛军。毕竟这次叛军是被其领袖哄骗、不满过重的赋税才决定反抗的,而且没有造成过多骚乱。但珀金·沃贝克率领的是一群支持叛党的雇佣军,两者有本质区别。然而,亨利七世对起义的宽宏大量并没有产生好的结果。康沃尔人反而变得更加嚣张和叛逆,并认为亨利七世不敢绞死叛军的所有成员是因为亨利七世担心这样做会让自己统治的民众数量减少。康沃尔人对珀金·沃贝克产生同情心理。在发布的宣言中,珀金·沃贝克谈到了亨利七世强取豪夺的

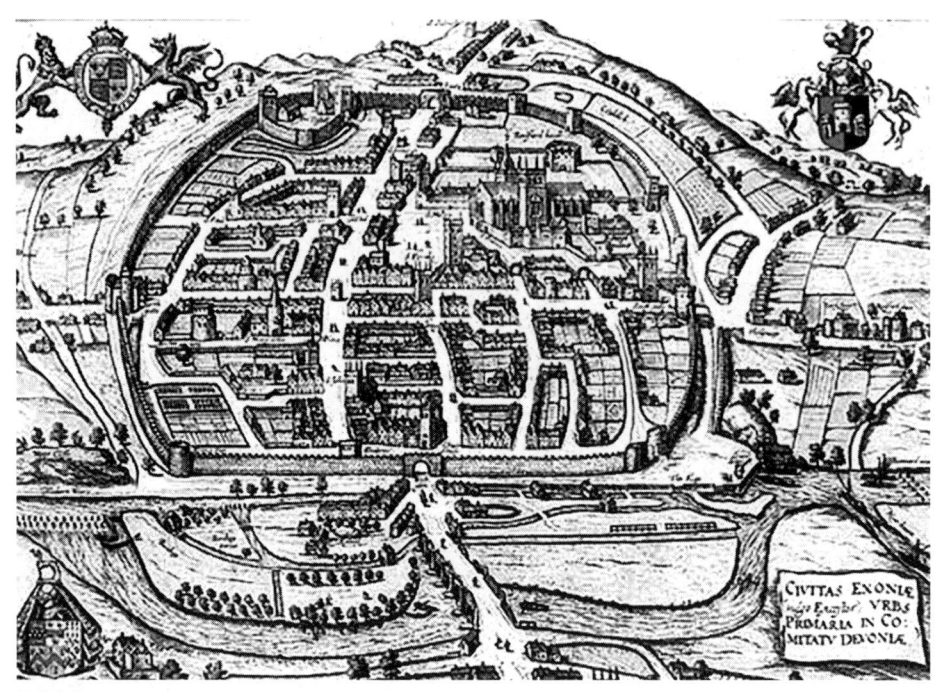

埃克塞特

税收政策，承诺自己上台后一定会禁止这类行为。康沃尔人给正在爱尔兰的珀金·沃贝克送话，"只要他在康沃尔登陆，当地人一定会为他效命"。

这则消息振奋了萎靡不振的珀金·沃贝克和他的议会成员。珀金·沃贝克议会的三名主要首领，包括一位讨债的绸布商、一位裁缝和一位放债人。听到消息后，这三名首领立刻离开爱尔兰转而进攻康沃尔。珀金·沃贝克和他的随从们分别乘坐四艘小船向英格兰行进，在路上险些被逮捕。1497年9月，珀金·沃贝克和他的随从们到达怀特桑德湾，登陆后立刻前往博德明，前来投奔珀金·沃贝克的博德明平民多达三千人。接下来，珀金·沃贝克率领叛军又前往埃克塞特，哄骗当地人为叛军打开城门。然而，埃克塞特的民众却不为所动。他们做好防御准备并等待亨利七世的援兵到来。这支叛军因没有大炮和其他军械，只能放火烧城门。但城门还没烧完，埃克塞特当地的民众就将成捆的柴枝和其他燃料将城门封堵起来，然后再点燃这些东西以火攻火。另外，埃克塞特当地的民众还在城内筑起防御土墙并挖好深沟。因此，叛军既没能突破城门也没能爬过城墙。

与此同时,珀金·沃贝克必定认识到自己的事业已经达到终点。这是他第二次踏上英格兰的土地。以前,珀金·沃贝克虽然能得到爱尔兰和苏格兰的援助,但从来没有真正得到英格兰人民的支持。这次入侵英格兰虽然得到康沃尔人的支持,但无疑,他也预测到结局一定会像过去一样悲惨——这次他既丧失了逃走的机会,又无法再得到其他国家王室的援助了。听到珀金·沃贝克包围埃克塞特的消息后,亨利七世十分欣喜,因为珀金·沃贝克在陆地上无路可退。接下来,亨利七世派出贾尔斯·多布尼勋爵、威洛比·德布罗克勋爵和其他人率领各自的军队前去埃克塞特解围。在这些军队到达之前,在没有王室召集的情况下,英格兰西部的贵族就迅速带领军队前去解困了。白金汉公爵爱德华·斯塔福德和很多勇敢的绅士也拿起武器,不等亨利七世的军队准备就绪就集结起来。由于害怕在埃克塞特遭到包围,珀金·沃贝克带领军队前往萨默塞特郡的汤顿。珀金·沃贝克假装整天忙于备战进攻伦敦,半夜却和他的骑兵一起逃到汉普郡的比尤利修道院并躲在里面避难。亨利七世的骑兵迅速包围了比尤利修道院,等待亨利七世下一步的旨意。

此时,珀金·沃贝克的追随者群龙无首,未动一枪就乖乖地向亨利七世的军队投降。抵达埃塞克特后,亨利七世受到当地居民的热烈欢迎。因此,他高兴地将自己佩戴的剑送给了埃克塞特的市长,并下令从此以后要有专人持此剑来保护他。一小撮康沃尔叛军的首领由于自己叛乱行为带来的骚乱而遭到处决,亨利七世和他的顾问团则协商下一步如何处置珀金·沃贝克。亨利七世的有些顾问认为应该用武力将珀金·沃贝克从避难所里抓出来处决,教皇亚历山大六世也应该会很乐意批准这种做法。但亨利七世认为这样做过于兴师动众了,他更倾向留住珀金·沃贝克的性命,并要求珀金·沃贝克为自己的所作所为坦白和忏悔。珀金·沃贝克被带到伦敦,骑在马上走过伦敦大街小巷的他受到了伦敦市民的嘲笑和斥责。珀金·沃贝克做了全面的忏悔。亨利七世下令将珀金·沃贝克的忏悔供状刊印发行。珀金·沃贝克在忏悔供状中详细描述了他的出身和人生经历,非常细致地列出了他在图尔奈的双亲和其他亲属的具体姓名。珀金·沃贝克的妻子凯瑟琳·戈登被丈夫抛弃在圣迈克尔山。随后,凯瑟琳·戈登又被带到亨利七世面前。由于凯瑟琳·戈登高贵的出身、姣好的面容和悲惨的遭遇，亨利七世对她十分照顾，并把她送到伊丽莎白王后身边。凯瑟琳·戈登得到了一笔很可观的津贴来维持日常生活开销，即使在亨利七世去世后，她仍然享受这笔津贴。

对珀金·沃贝克的这次叛乱，亨利七世没有赦免全部的叛军，而是采取了一种既仁慈又独特的惩罚方式。他任命托马斯·达西勋爵和其他特派员对影响或参与援助珀金·沃贝克和迈克尔·约瑟夫的人处以罚金，具体罚金数额由他们所持的财产而定。这样做也是为展示亨利七世的威严。上次起义后，康沃尔人还以为国王有所畏惧。在英格兰各地，上百名特派员十分严厉地收取罚金，没有放过任何一位曾涉及起义或叛乱的人。许多修道院院长或其他宗教领袖也被迫要求反省他们以前的行为。在接下来的若干年中，罚金可以分期偿还。以此在起义被镇压多年之后，让被罚者仍然牢记亨利七世的仁慈之举。收取罚金的过程被记载在特殊账目上，其中有两卷流传了下来。账目上没有写明哪些郡区的责任最大，只是提及了萨默塞特郡、多塞特郡、威尔特郡和汉普郡等地方。最终，罚金总额高达一万三千英镑，亨利七世撰写的备忘录记载第一次征收时间是这次叛乱发生后三年半——1501年复活节期间。1506年3月，由特派员之一的圣保罗大教堂本堂神父罗伯特·舍博恩（后来成为圣大卫教区主教）收缴的最后一笔八十英镑的罚金入库。

第 11 章

阿拉贡的凯瑟琳

精彩看点

苏格兰宫廷里的英格兰间谍——苏格兰国王詹姆斯四世——英格兰军队与苏格兰军队在诺勒姆爆发冲突——英格兰人与苏格兰人签署七年和平协议——诺勒姆河岸紧急事件——布列塔尼女公爵安妮重新统治布列塔尼——路易十二入侵意大利——珀金·沃贝克出逃——处决珀金·沃贝克与沃里克伯爵爱德华·金雀花——与奥地利大公哈布斯堡的菲利普会面——威尔士亲王阿瑟·都铎与阿拉贡的凯瑟琳完婚——威尔士亲王阿瑟·都铎突然病逝——阿拉贡的凯瑟琳的嫁妆问题——阿拉贡的凯瑟琳与新任威尔士亲王亨利·都铎的婚事——伊丽莎白王后去世——与苏格兰王室联姻

珀金·沃贝克的被捕及认罪结束了长期困扰亨利七世的一件烦心事，也打乱了英格兰王国国外对手们的阴谋。与此同时，英格兰王国与苏格兰王国签订了七年休战协议，让刚刚结束不愉快对峙的英格兰王国与苏格兰王国终于看到和平的微弱希望。

　　我们可以想象商讨休战协议过程中，双方持久的协商和讨论。英格兰王国与苏格兰王国间根深蒂固的敌意很难轻易消除。为监视詹姆斯四世的行动，亨利七世不得不采取某些不光彩的手段。他与苏格兰的安格斯伯爵阿奇博尔德·道格拉斯达成共识，后者同意在必要时刻帮助英格兰王国对付苏格兰王国。在苏格兰宫廷中，亨利七世安插了一位名为博斯韦尔勋爵约翰·拉姆齐的间谍。博斯韦尔勋爵约翰·拉姆齐曾经是詹姆斯三世的宠臣，但始终无法原谅现任苏格兰国王詹姆斯四世参与推翻其父詹姆斯三世统治的反叛活动。博斯韦尔勋爵约翰·拉姆齐劝诱詹姆斯四世的弟弟罗斯公爵詹姆斯·斯图亚特、巴肯伯爵亚历山大·斯图亚特和马里主教安德鲁·斯图亚特向亨利七世保证摧毁任何试图入侵英格兰的军事行动。博斯韦尔勋爵约翰·拉姆齐还曾参与绑架珀金·沃贝克并将他带回英格兰的计划。亨利七世认为采取阴谋诡计对付苏格兰是完全正当的行为，虽然苏格兰人总是责备英格兰人签订协议时诡计多端。此外，苏格兰王国组织松散，国王詹姆斯四世无法获得所有人的忠诚和支持。但苏格兰王国境内总有一支反抗英格兰的强烈力量，就连最温和的苏格兰国王——如果苏格兰王国曾有这样的国王——对此也束手无策。

詹姆斯四世

詹姆斯四世拥有许多高贵品质。在苏格兰这个远离欧洲大陆文明的荒蛮之地，他取得了不少成就。詹姆斯四世不仅精通拉丁文，而且可以用盖尔语和苏格兰当地人交流，他几乎掌握了所有主要的欧洲语言。詹姆斯四世还富有创新的实践精神、广博的医药知识和精湛的医术。在参加推翻父亲詹姆斯三世的叛乱后，詹姆斯四世内心极度悔恨，从此更加严格地遵循宗教戒律，从不放纵自己。他的真诚、真实和心怀公正使他获得了民众的爱戴。但詹姆斯四世是个战争狂热分子，喜欢身临险境的感觉。亨利七世和天主教徒阿拉贡国王斐迪南二世都很难平息詹姆斯四世被挑衅而燃起的熊熊怒火。

亨利七世手下精明的顾问达勒姆主教理查德·福克斯所在的教区经常被苏格兰人入侵。因此，达勒姆主教理查德·福克斯一直致力于修补英格兰王国与苏格兰王国的关系。达勒姆主教理查德·福克斯曾经在英格兰王国与苏格兰王国的边界线上与安格斯伯爵阿奇博尔德·道格拉斯和霍姆勋爵亚历山大·霍姆谈判，但他们都无法提出完全令达勒姆主教理查德·福克斯满意的条款。詹姆斯四世不愿意交出珀金·沃贝克，但亨利七世坚持要詹姆斯四世交出。只要珀金·沃贝克还待在苏格兰，英格兰王国与苏格兰王国就很难达成协议。作为缓和英格兰王国与苏格兰王国间关系的权宜之计，最后，詹姆斯四世不得不让珀金·沃贝克离开。但很快，詹姆斯四世就再次亲自率军入侵英格兰并包围诺勒姆，幸好达勒姆主教理查德·福克斯早已加强了诺勒姆的城堡的守卫，来应

苏格兰人

对潜在威胁。达勒姆主教理查德·福克斯还立刻通知萨里伯爵托马斯·霍华德和约克郡的军队前来营救。英格兰北方富有权势的贵族都集合起来，威斯特摩兰伯爵拉尔夫·内维尔、戴克男爵托马斯·费恩斯、罗伯特·克利福德爵士、乔治·拉姆利男爵、托马斯·达西勋爵等人都带领当地的贵族绅士加入营救队伍。英格兰北部营救部队的人数很快扩充到两万人。与此同时，威洛比·德布罗克勋爵也率军从诺勒姆北部赶来加入海上救援力量。

听到大批英格兰军队来袭的消息后，詹姆斯四世意识到必须要放弃包围诺勒姆并撤回苏格兰。萨里伯爵托马斯·霍华德带兵一路攻城略地，追到苏格兰。他召集贝里克郡和爱丁堡间实力最强悍的艾顿城堡的驻守长官，并且劝艾顿城堡的驻守长官尽早投降。但艾顿城堡的驻守长官还在等待詹姆斯四世的援兵，拒绝投降。不久，詹姆斯四世率军赶到艾顿城堡增援。英格兰的这次军事行动使詹姆斯四世深感自己统帅的军队实力薄弱，无法与英格兰军队抗衡。因此，詹姆斯四世提出要与萨里伯爵托马斯·霍华德单独决斗，并且声称自己如果赢得这场决斗就把萨里伯爵托马斯·霍华德当作人质带回贝里克郡。萨里伯爵托马斯·霍华德回复自己十分荣幸能与高贵的苏格兰国王詹姆斯四世决斗，他也十分乐意接受这次决斗挑战，但贝克里郡属于英格兰国王亨利七世。随后，萨里伯爵托马斯·霍华德准备好迎接苏格兰军队的袭击，却没有料到詹姆斯四世深夜率军逃走。此时，萨里伯爵托马斯·霍华德发现很难在苏格兰这个荒芜之地维持一批庞大的军队。又因为苏格兰常伴有狂风骤雨的极端天气，所以萨里伯爵托马斯·霍华德率军暂时撤回贝克里郡。与此同时，英格兰王国与苏格兰王国重新开启和平谈判。在西班牙驻苏格兰王国大使唐·佩德罗·德·阿亚拉的劝说下，苏格兰王国恢复了理智。1497年9月30日，在艾顿城堡，英格兰王国与苏格兰王国签署了七年和平协议。

佩德罗·德·阿亚拉担心虽然亨利七世和达勒姆主教理查德·福克斯爱好和平，但英格兰王国与苏格兰王国的休战无法持续太久。主要原因是英格兰王国与苏格兰王国间的边境局势难以控制，詹姆斯四世高昂的情绪可能会进一步激化紧张关系。事实上，在诺勒姆河岸发生的紧急事件差点让过去十二个月

诺勒姆城堡

的和谈工作打了水漂。几名苏格兰年轻人连续两天跨过诺勒姆河,站在诺勒姆城堡边上看热闹。他们因为随身携带武器,遭到英格兰军队士兵的盘问。调查过程中,这几名苏格兰年轻人与英军士兵恶语相向,他们的态度也引起英格兰士兵的怀疑。此时,英格兰王国与苏格兰王国局势紧张。对苏格兰人,英格兰人还怀有敌意。最终,这几名苏格兰年轻人中,有人被杀死,有人被打伤,剩下的其他人则跑回苏格兰王国境内。英格兰军队开始调查此事。但詹姆斯四世对英军的调查进程十分不满,抱怨说英格兰王国根本没有遵守停战协议。詹姆斯四世还派蒙特区域的传令官向亨利七世传达了自己的愤怒,即使来自英格兰方面的安抚也没能熄灭詹姆斯四世的怒火。对此,亨利七世也十分烦恼。他向苏格兰国王詹姆斯四世保证将会进行全面调查,表示如果发现此次事件是英格兰军队的责任就将对英格兰军队中的相关责任人严加处置。达勒姆主教理查德·福克斯再次从中调解,他衷心希望英格兰王国与苏格兰王国可以维持和

梅尔罗斯修道院

平。因此，达勒姆主教理查德·福克斯低声下气地给詹姆斯四世写了很多信请求谅解，还向詹姆斯四世保证英格兰王国不会再挑起英格兰王国与苏格兰王国间的争端。

詹姆斯四世对达勒姆主教理查德·福克斯印象很好，但这不足以平息詹姆斯四世的怒火。詹姆斯四世希望达勒姆主教理查德·福克斯能够亲自到苏格兰，当面探讨如何解决英格兰王国与苏格兰王国的争端。经亨利七世同意，达勒姆主教理查德·福克斯出发前往苏格兰的梅尔罗斯修道院。在梅尔罗斯修道院，詹姆斯四世与达勒姆主教理查德·福克斯见面并表达自己对诺勒姆事件的不满。当着苏格兰国王顾问班子的面，达勒姆主教理查德·福克斯向詹姆斯四世表达了歉意。随后，詹姆斯四世与达勒姆主教理查德·福克斯单独会谈。詹姆斯四世知道达勒姆主教理查德·福克斯对亨利七世影响颇深，并且告知达勒姆主教理查德·福克斯想娶亨利七世的大女儿约克的玛格丽特为妻。回到英格兰王国后，达勒姆主教理查德·福克斯向亨利七世汇报了詹姆斯四世的请求。达勒姆主教理查德·福克斯顺利说服亨利七世签订与苏格兰王国的和平协议，并同意与詹姆斯四世的这门亲事。和平协议将在1499年7月12日签署，而1499年9月11日，达勒姆主教理查德·福克斯将前往苏格兰商讨联姻事宜。

  1498年4月，法兰西国王查理八世突然去世，欧洲格局变得风起云涌。查理八世去世最直接的影响是法兰西王国因布列塔尼公国重新独立而实力下降。这时，查理八世的独子法兰西王储查理·奥兰德[①]英年早逝，查理八世的遗孀安妮王后仍然拥有布列塔尼女公爵的头衔。重回布列塔尼公国后，布列塔尼女公爵安妮恢复对这里的统治。在布列塔尼公国国内，布列塔尼女公爵安妮像过去所做的那样，颁布法令重组布列塔尼公爵领地。新登基的法兰西国王路易十二深知布列塔尼公国的独立将损害法兰西王国的利益。当路易十二还是奥尔良公爵路易二世的时候，曾在布列塔尼避难，给当时摄政的博热夫人法兰西的安妮惹了不少麻烦。当查理八世入侵意大利时，路易十二曾经声称自己对米兰公国拥有继承权，进而引发米兰公爵卢多维科·马里亚·斯福尔扎的嫉妒。在诺瓦拉，路易十二遭到米兰公爵卢多维科·马里亚·斯福尔扎一段时间的监禁。目前，路易十二已经成为法兰西国王，他是否还会侵占米兰领地吗？如果欧洲其他国家的王室警觉起来，路易十二该如何确保自己在布列塔尼问题上的利益？对于以上问题，路易十二的态度和他的相关政策曾经模糊了一段时间。但不久后，路易十二的态度和政策逐渐明朗起来。

  路易十二登基后的首要目标是维护法兰西王国与英格兰王国的友好关系。他不仅是出于害怕布列塔尼再起风波[②]，也是为进一步分裂神圣反法同盟成员

---

① 实际上，除了王储查理·奥兰德，查理八世还有多位孩子出生，但都不幸夭折。
② 出于某种不为人知的理由，路易十二认为自己在布列塔尼十分安全。

法兰西的让娜

间的关系。继位后,路易十二立刻先后派遣一名纹章院长和特使前往英格兰王国,但亨利七世拒绝抛开西班牙单独与法兰西王国建立秘密联系。亨利七世还向法兰西王国和布列塔尼公国分别派遣间谍观察两国纷争的下一步走向,确定此时是否是入侵法兰西王国的最佳时机。然而,路易十二成功地实现了他的次要目标——他赢得教皇亚历山大六世的支持。因此,路易十二不但将教皇亚历山大六世从神圣反法同盟中争取出来,而且成功地实现了与王后路易十一世的女儿法兰西的让娜离婚的愿望。此前,罗马教皇法庭就已经批准若干起以政治原因提出的离婚申请,或有违教规的结婚申请。因此,加强法兰西王国与布列塔尼公国间的联盟关系是申请联姻的最佳理由。然而,仅有政治原因是不够的,路易十二担心法兰西王国与布列塔尼公国的联姻会引起罗马教廷内部的反对,但他知道如何让罗马教廷站到自己这边。路易十二将瓦伦蒂诺公爵的头衔送给教皇亚历山大六世臭名昭著的儿子恺撒·博尔贾,还让教皇亚历山大六世把儿子恺撒·博尔贾送到法兰西王国。路易十二一方面让瓦伦蒂诺公爵恺撒·博尔贾管理其名下的公爵领地,另一方面让瓦伦蒂诺公爵恺撒·博尔贾把教皇亚历山

恺撒·博尔贾

路易十二迎娶布列塔尼女公爵安妮

大六世批准路易十二与王后让娜离婚的诏书送到法兰西王国。因此，在办理离婚期间，路易十二没有遭到任何人的反对。最终，路易十二与王后法兰西的让娜离婚，并迎娶了布列塔尼女公爵安妮。此外，路易十二还成功瓦解反法同盟。此时，亨利七世立刻认识到意大利人并不可靠。与此同时，米兰公爵卢多维科·马里亚·斯福尔扎的权力大幅缩水。威尼斯共和国计划跟随教皇亚历山大六世退出反法同盟。路易十二还将奥地利大公哈布斯堡的菲利普发展为盟友，但仍与马克西米利安一世处在对抗关系中。此时，马克西米利安一世正在忧虑着迫在眉睫的事件——法兰西王国将再度占领意大利，因为除了米兰公爵卢多维科·马里亚·斯福尔扎，其余的意大利政治力量似乎已经做好准备欢迎路易十二的来临。反法同盟已经分崩离析，只有英格兰王国和西班牙王国还保持着联盟关系。但在彼此同意的基础上,英格兰王国和西班牙王国也分别与法兰西王国建立了和平关系。在亨利七世和路易十二的谈判中,亨利七世获得了比与查理八世那次更好的条件。

目前,路易十二入侵意大利和获取米兰公国所有权的政治障碍都已经被排除。米兰公爵卢多维科·马里亚·斯福尔扎被路易十二关进法兰西王国的监狱。

路易十二入侵意大利

那不勒斯的腓特烈的纹章

在路易十二的率领下，法军再次入侵意大利并与天主教徒阿拉贡国王斐迪南二世率领的西班牙军队一起瓜分那不勒斯王国，赶走统治那不勒斯王国四十多年的阿拉贡王国的最后一位君主。那不勒斯国王那不勒斯的腓特烈上了天主教徒阿拉贡国王斐迪南二世的当，最终，被迫将那不勒斯王国全部交付到天主教徒阿拉贡国王斐迪南二世手上。但以上提到的事情都与英格兰王国没有太大关系，我们会在后面解释这些事情对英格兰王国产生的影响。

这一时期，虽然仍有一两件不快的事情不时发生，但亨利七世可谓达到了权力巅峰。他与周边国家都友好相处，而且与法兰西国王路易十二天主教徒阿拉贡国王斐迪南二世和奥地利大公哈布斯堡的菲利普达成共识。珀金·沃贝克的认罪使其彻底丧失信誉，他被拘留并处在宽松的监护中，没有遭受任何严厉惩罚。就连亨利七世的对手勃艮第公爵夫人约克的玛格丽特也不得不请求亨利七世原谅自己对珀金·沃贝克的援助。阿瑟·都铎王子和阿拉贡的凯瑟琳公主的婚事正在进行飞速的协商，英格兰王国与西班牙王国双方都表示了最大的善意。经过协商后，英格兰王国和苏格兰王国也达成和平协议。随后，却发生了一件扫兴的事——珀金·沃贝克出逃。西班牙王国驻英格兰王国大使评价珀金·沃贝克"毫无理由"地逃往海边。此事暂时引起轰动，亨利七世立刻下令搜捕珀金·沃贝克。在全国范围内，亨利七世的手下展开对珀金·沃贝克的搜查。珀金·沃贝克发现全英格兰都在搜查他，只得逃进希恩隐修院寻求宗教庇佑。希恩隐修院的院长恳求亨利七世留住珀金·沃贝克的性命，亨利七世答应了希恩隐修院院长的请求，并且将珀金·沃贝克带回伦敦。在威斯敏斯特和奇普锡德的展台上，戴着枷锁的珀金·沃贝克示众几天后，出于安全考虑被投入伦敦塔。

威斯敏斯特

沃里克伯爵爱德华·金雀花的纹章

亨利七世可能真的打算保住珀金·沃贝克的性命，因为他从不会处决自己看不起的人。然而，这场闹剧结束后没多久，又有一人，名叫拉尔夫·威尔福德，假冒英格兰王位继承人。拉尔夫·威尔福德受到一位奥古斯丁修会修士的教唆，声称自己是真正被监禁的沃里克伯爵爱德华·金雀花。这是一次轻率而卑劣的尝试，却令亨利七世深受打击。层出不穷的冒名顶替者出现说明亨利七世将沃里克伯爵爱德华·金雀花投入监狱并不能阻止约克家族余党继续策划叛乱阴谋。1499年2月，拉尔夫·威尔福德被处以绞刑。1499年3月，深受打击的亨利七世看起来像是在短短的两周内衰老了二十多岁。传言说，亨利七世曾经咨询过一位预言准确的神父自己还能活多久，神父回复，接下来的一整年他将有生命之虞。从此，亨利七世变得极其虔诚。他积极参加宗教活动，几乎每天都聆听布道。一个阴暗的想法困扰着亨利七世。最终，在接下来的几个月内，亨利七世的恐惧成为现实。

在伦敦塔内，监禁珀金·沃贝克的监牢离沃里克伯爵爱德华·金雀花很近。因此，珀金·沃贝克设法拉拢沃里克伯爵爱德华·金雀花。珀金·沃贝克收买了伦敦塔的看守，与他们策划了一场帮助自己和沃里克伯爵爱德华·金雀花逃脱的阴谋。此时，可怜的沃里克伯爵爱德华·金雀花不过二十四岁。从年少时期，他就被关在伦敦塔内，对外面险恶的世界一无所知。因此，沃里克伯爵爱德华·金雀花轻易地接受了珀金·沃贝克的逃脱计划。随后，这次逃脱计划被披露不仅仅是一次越狱行动，其背后还隐藏更深的真相。通过梳理知情者的私下对话，我们可以得知王室律师坚持将这次越狱计划扭曲成谋反阴谋的真实原因。沃里克伯爵爱德华·金雀花被指控企图控制伦敦塔以帮助自己夺取英格兰王位，而珀金·沃贝克则被指控为沃里克伯爵爱德华·金雀花的同伙。实际上，沃里克伯爵爱德华·金雀花并没有参与策划这次荒谬的越狱计划。但为英格兰的安定，英格兰的王室律师们只能牺牲沃里克伯爵爱德华·金雀花。对沃里克伯爵爱德华·金雀花的处决完全按法律程序执行，他的同辈人牛津伯爵约翰·德·维尔担任宫廷长官负责审判工作。被判有罪后的第二周，沃里克伯爵爱德华·金雀花在塔丘被处决，珀金·沃贝克及其三个同伙则在泰伯恩刑场遭到处决。

根据圣奥尔本子爵弗朗斯西·培根的描述，为避免在沃里克伯爵爱德华·金雀花遭到处决这一件事上招来怨恨，亨利七世曾给天主教徒阿拉贡国王斐迪南二世写信说明。天主教徒阿拉贡国王斐迪南二世回复道："只要沃里克伯爵爱德华·金雀花还活着，我就无法相信您可以将您的王位传给您的子孙。我也会更谨慎地考虑与英格兰王国的联姻。"天主教徒阿拉贡国王斐迪南二世如此回复亨利七世可能是过度夸张的传闻，因为亨利七世与天主教徒阿拉贡国王斐迪南二世的信件往来都有证可查，从中并没有发现类似的说法。但通过查阅通信记录我们知道，尽管无法确定是否能反映天主教徒阿拉贡国王斐迪南二世的意图，但西班牙驻英格兰王国大使就沃里克伯爵爱德华·金雀花遭受处决时所写的信十分重要。信中写道，如今英格兰"没有一滴可疑的王室血液"或者任何试图声称具有王位继承权的竞争者。因此，阿瑟·都铎王子拥有毫无异议的王位继承权。西班牙王国驻英格兰王国大使佩德罗·德·阿亚拉还向天主教徒阿拉贡国王斐迪南二世保证此时的英格兰正处在近五百年内最安定的时期。

对于英格兰的政局，西班牙王室抱有相同观点。这时，西班牙王室更加确信亨利七世是一位重要盟友，并且在伦敦迅速与亨利七世签订了两项新条约。一项关于建立英格兰王国与西班牙王国的政治联盟，另一项则关乎英格兰王室与西班牙王室的联姻事宜。亨利七世急切地要求阿拉贡的凯瑟琳在1500年嫁到英格兰，但他的顾问们对于政治联盟条约的具体条款非常挑剔，甚至连佩德罗·德·阿亚拉提出的条件都无法让亨利七世的顾问们满意。此时，亨利七世决定前往加莱，一方面是为躲避正在伦敦流行的瘟疫，另一方面是劝诱奥地利大公哈布斯堡的菲利普与自己见面。因为奥地利大公哈布斯堡的菲利普拒绝进入有城墙的加莱城里会面，所以他与亨利七世只能在加莱城外的圣彼得教堂面谈。正如奥地利大公哈布斯堡的菲利普与法兰西国王路易十二会谈时的情景一样，这场会谈收获颇丰，进一步巩固了英格兰王国与奥地利公国的联盟关系，缓和了英格兰王国与奥地利公国最近出现的贸易纷争，并拉近了双方距离。更妙的是，他们甚至就联姻达成共识：一桩是亨利七世的二儿子约克公爵亨利·都铎与奥地利大公哈布斯堡的菲利普某位女儿之间的婚事，另一桩是奥地利大公哈布斯堡的菲利普刚刚四个月的儿子继承人查理①和亨利七世的二女儿约克的玛丽之间的婚事。最终，虽然这两桩婚事都没有生效，但直到亨利七世去世后，第二桩婚事还时常被提及。

当亨利七世远赴加莱的消息传到天主教徒阿拉贡国王斐迪南二世和卡斯蒂尔的伊莎贝拉一世的耳中时，他们开始警觉并思索亨利七世的真正意图。他们怀疑亨利七世即将放弃威尔士亲王阿瑟·都铎与阿拉贡的凯瑟琳公主的婚事，转而接受来自神圣罗马帝国马克西米利安一世更好的联姻建议。天主教徒阿拉贡国王斐迪南二世总以自身标准揣摩他人的行为。因此，他赶紧派一名特使赶往法兰西王国并与亨利七世会面。西班牙特使的主要任务就是找出连佩德罗·德·阿

---

① 即后来的神圣罗马帝国皇帝查理五世。

约克公爵亨利·都铎

亚拉都无法发现的事实真相。但在特使抵达加莱前,亨利七世就已经乘船返回英格兰了。西班牙特使听到某些谣言宣称威尔士亲王阿瑟·都铎和马克西米利安一世的女儿奥地利的玛格丽特间已经达成婚约。奥地利的玛格丽特是天主教徒阿拉贡国王斐迪南二世与卡斯蒂尔的伊莎贝拉一世的儿子胡安的遗孀,刚刚从西班牙王国返回佛兰德斯。事实上,上述谣言不过是空穴来风。最终,亨利七世答应西班牙王室的请求允许阿拉贡的凯瑟琳公主在第二年再嫁到英格兰。从此,威尔士亲王阿瑟·都铎与阿拉贡的凯瑟琳的这桩婚事再没有遇到任何阻碍。

与此同时，教皇亚历山大六世将一位名叫加斯帕尔·庞斯的罗马教廷特派员派往英格兰，给在1500年罗马教廷禧年庆典举办时，没能前往罗马的亨利七世发放赎罪券，这是罗马教廷充实教皇财政收入的一种手段。此时，加斯帕尔·庞斯还督促亨利七世率军参加攻打奥斯曼土耳其军队的圣战。奥斯曼土耳其军队在欧洲的扩张活动，引起了教皇亚历山大六世的担忧，甚至有人害怕奥斯曼土耳其军队将在意大利登陆并赶走教皇亚历山大六世。据说，罗马教廷向各国分配赎罪券获得的收入将主要用于圣战的开销。亨利七世同意教皇亚历山大六世通过发放赎罪券筹集资金。但在信中，亨利七世巧妙地以政治理由婉拒教皇亚历山大六世要他率军亲自参加圣战的请求。亨利七世借口路途遥远、时间和金钱耗费过多，甚至暗示奥斯曼土耳其军队即使真的占领意大利，也不会影响英格兰的安定。但如果对奥斯曼土耳其军队的圣战真的开打，他不会坐视不管。很多人认为在英格兰王国为教皇亚历山大六世筹集资金的过程中，亨利七世捞了一笔，但他并没有像其他国王那样趁机中饱私囊。最终，亨利七世将四千英镑交给加斯帕尔·庞斯。此前，他曾与天主教徒阿拉贡国王斐迪南二世通信探讨这笔资金的真实用途，以及如何才能避免这笔资金落入教皇亚历山大六世的钱袋中。

在基督教世界中，亨利七世是最热心参与对抗奥斯曼土耳其军队圣战的欧洲君主。这一事实得到罗得骑士团的肯定，该骑士团还将亨利七世选举为自己的保护人。亨利七世始终抱有十字军东征似的热情。在执政后期，亨利七世不等教皇尤利乌斯二世的布告就主动催促教皇尤利乌斯二世发起圣战。但在尤利乌斯二世发现基督教国家的君主们很难结成联盟后，圣战的计划就搁置了。

现在让我们回到英格兰王国与西班牙王国的联姻事宜。1501年5月，阿拉贡的凯瑟琳公主离开位于格拉纳达的双亲，前往拉科鲁尼亚登船。尽管旅途缓慢，天气炎热难耐，阿拉贡的凯瑟琳乘坐的船也曾中途被狂风吹回西班牙，但最终，阿拉贡的凯瑟琳还是成功地踏上了英格兰的土地。1501年10月2日，凯瑟琳公主在普利茅斯登陆。为迎接阿拉贡的凯瑟琳的到来，英格兰国内举行盛大的欢迎仪式，1501年11月14日，在圣保罗大教堂，她与威尔士亲王阿瑟·都铎在众人的祝福和欢呼声中举行了婚礼。

教皇尤利乌斯二世

1501年，威尔士亲王阿瑟·都铎年仅十五岁，阿拉贡的凯瑟琳比他稍大些。当时，威尔士亲王阿瑟·都铎体格较弱。因此，亨利七世的顾问们建议，威尔士亲王阿瑟·都铎与阿拉贡的凯瑟琳过一段时间再同居。尽管亨利七世给天主教徒阿拉贡国王斐迪南二世和卡斯蒂尔的伊莎贝拉一世写信说自己为阿拉贡的凯瑟琳着想，否决了顾问们的建议，但有证据表明威尔士亲王阿瑟·都铎与阿拉贡的凯瑟琳婚后确实并没有立刻开始同居生活。但威尔士亲王阿瑟·都铎与阿

拉德洛城堡

拉贡的凯瑟琳住得不远,他们住在英格兰王国与威尔士公国的国界线附近。按照惯例,威尔士亲王阿瑟·都铎需要在威尔士听政。在英格兰王国与威尔士公国国界线附近的家中,威尔士亲王阿瑟·都铎与阿拉贡的凯瑟琳共同度过最多四个月的时光,就被意外永远地分离。此处借用一位这一时期不知名作家的描述,这位作家对亨利七世和伊丽莎白王后听到威尔士亲王阿瑟·都铎去世消息后的描写刻画深刻,展现了通常被人们认为冷血无情的亨利七世性格中更加温情的一面:

> 1502年4月2日,威尔士亲王阿瑟·都铎在拉德洛城堡去世。他是吾王亨利七世的长子。从登基到现在,吾王亨利七世已经在位十七年。威尔士亲王阿瑟·都铎去世后不久,宫廷大臣理查德·普尔爵士与其他王室顾问一起给在格林尼治的吾王亨利七世和王后伊丽莎白写信,向他们传达威尔

士亲王阿瑟·都铎离世的消息。王室顾问团谨慎地请来吾王的神父,告诉神父这个令人悲痛的消息,请求他尽可能平静地代为转达。接下来的星期二早上,神父提早叩响了吾王亨利七世的房门。当吾王亨利七世意识到是神父站在门外时,亨利七世下令请神父进来。神父要求在场的其他人回避并在一段寒暄后说道:"既然我们从上帝那里已经得到美好的馈赠,为何又要忍受灾祸发生呢?"①随后,神父告诉吾王亨利七世他最疼爱的儿子威尔士亲王阿瑟·都铎已经离世,前往上帝那里了。听到这一噩耗后,吾王亨利七世把王后伊丽莎白请过来,说要和王后伊丽莎白一起面对这个悲痛的消息。伊丽莎白王后到来后,观察到吾王亨利七世脸上的悲伤表情,宽慰吾王亨利七世并让他看在上帝、臣民和伊丽莎白王后自己的份上,不要如此悲伤。随后,伊丽莎白王后又说王太后玛格丽特·博福特只有吾王亨

格林尼治

---

① "既然我们从上帝那里得到了美好的馈赠,为何又要忍受坏事的发生呢?"——出自《约伯记》。

利七世一个孩子。在上帝的指引下，吾王亨利七世成为万人之上的国王。如今，上帝仍然留给吾王亨利七世一位王子和两位公主。伊丽莎白王后还安慰吾王亨利七世，他们两人仍旧年轻，并且吾王亨利七世的审慎与智慧已经传遍整个基督教世界。因此，吾王亨利七世应当多为英格兰的臣民考虑。对伊丽莎白王后的安慰，吾王亨利七世表示感谢。随后，伊丽莎白王后就离开并回到自己的房间，用她慈母的心肠怀念着过早离世的孩子威尔士亲王阿瑟·都铎。伊丽莎白王后的随从急忙请来吾王亨利七世来抚慰伊丽莎白王后的悲痛。出于对伊丽莎白王后的温情和关怀，吾王亨利七世马上赶到，用伊丽莎白王后刚才宽慰自己的话安慰她。吾王亨利七世还要伊丽莎白王后和他一起感恩上帝赠予他们一位如此优秀的儿子。

在经过最初的悲痛以后，作为一位政治家，亨利七世开始严肃地思考如何安置阿拉贡的凯瑟琳。譬如，亨利七世要面对以后阿拉贡的凯瑟琳将在何处居住，阿拉贡的凯瑟琳是否应返回西班牙等一系列问题。听到威尔士亲王阿瑟·都铎去世的消息后，天主教徒阿拉贡国王斐迪南二世先是十分关心女儿。随后，他又想到西班牙王室支付的嫁妆。阿拉贡的凯瑟琳得到的嫁妆共计两万斯库多，目前，西班牙王室只支付了其中的一半。根据英格兰王室与西班牙王室的约定，西班牙王室的其余嫁妆将分两次付清。在阿拉贡的凯瑟琳正式加入英格兰王室后，亨利七世将收到第三批以珠宝首饰为主的嫁妆，这部分嫁妆将由阿拉贡的凯瑟琳公主亲自带到英格兰。经过一番深思熟虑，天主教徒阿拉贡国王斐迪南二世做出如下决定：一是不再付清余下的嫁妆；二是亨利七世需要将第一批嫁妆如数归还；三是在威尔士亲王阿瑟·都铎去世后，阿拉贡的凯瑟琳所得的地产和收入都将用于支付她在英格兰的花销。虽然这些要求合乎礼法，但天主教徒阿拉贡国王斐迪南二世知道亨利七世不会全部答应这些要求。因此，天主教徒阿拉贡国王斐迪南二世派出特使前往英格兰，来处理阿拉贡的凯瑟琳与亨利七世二儿子约克公爵亨利·都铎的联姻事宜。1503年2月，原威尔士亲王阿瑟·都铎去世十个月后，约克公爵亨利·都铎被立为威尔士亲王。

亨利七世认为天主教徒阿拉贡国王斐迪南二世提出的要求不合理。他同意阿拉贡的凯瑟琳应该得到已故威尔士亲王阿瑟·都铎的遗产，但反对归还阿拉贡的凯瑟琳的第一批嫁妆。西班牙王室很快意识到自己提的要求过高，尤其是发现还需要英格兰王国的帮助来对抗在那不勒斯和佩皮尼昂的法兰西王国军队时，西班牙王室更是备感懊悔。在忙于为阿拉贡的凯瑟琳筹备第二桩婚事时，卡斯蒂尔的伊莎贝拉一世察觉到亨利七世对阿拉贡的凯瑟琳与亨利·都铎婚事的冷漠态度。因此，她派出特使要将阿拉贡的凯瑟琳公主接回西班牙，并且要求在回西班牙的路上，亨利七世要派人照顾阿拉贡的凯瑟琳公主。

上述问题仍旧悬而未决时，亨利七世遭遇了比原威尔士亲王阿瑟·都铎去世更令人悲痛的事。1503年2月11日，亨利七世失去了挚爱的伊丽莎白王后。伊丽莎白王后深受英格兰民众爱戴，对亨利七世一直有着积极影响。虽然圣奥尔本子爵弗朗西斯·培根笔下的亨利七世并不是一个溺爱妻子的人，但在政治之外，伊丽莎白王后确实对亨利七世的生活有极深的影响。在丧妻后，亨利七世开始展现出性格上的阴暗面，虽然他的私人生活还是一如既往的单纯且没有任何丑闻。另外，亨利七世对自己孩子的教育始终细致入微。但在生命的最后时刻，亨利七世比以往变得更加粗鄙。在这一时期，伊丽莎白王后并不是唯一一位离开亨利七世的亲密朋友和人生顾问，雷金纳德·布雷爵士也在此时逝世。而早在1500年，红衣大主教约翰·莫顿就离开了人世。这些人都曾给过亨利七世最真挚的建议并防止亨利七世成为暴君。

1503年1月25日，伊丽莎白王后去世前不久，在里士满，苏格兰国王詹姆斯四世的代理人博斯韦尔伯爵帕特里克·赫本以苏格兰国王的名义完成了与约克的玛格丽特的订婚仪式。1503年6月，亨利七世亲自护送约克的玛格丽特从里士满出发前往北安普顿郡的科利韦斯顿，向苏格兰方向前进。1503年7月8日，在科利韦斯顿，亨利七世与女儿约克的玛格丽特作别，约克的玛格丽特被诺森伯兰伯爵亨利·珀西带领的一大队贵族和淑女护送到苏格兰。1503年8月8日，约克的玛格丽特和詹姆斯四世在爱丁堡完婚，这意味着，苏格兰王室和英格兰王室最终融合在一起。

圣奥尔本子爵弗朗西斯·培根记录下与这桩婚事谈判相关的一个有趣传闻。亨利七世的一位顾问曾经提到这样一种可能性：如果一百年后，上帝不让亨利七世的孩子生儿育女，那么英格兰王国就会落到苏格兰国王手中。这样，英格兰王国的利益难免受损。亨利七世却说，万一出现这种情况，苏格兰王国就会并入英格兰王国，而不是英格兰王国并入苏格兰王国，"因为较强的一方将吸引较弱的一方加入，对英格兰王国来说，与苏格兰王国建立联盟比与法兰西王国建立联盟更安全"。这一明智和目光长远的答案常常被用来证明亨利七世并不像其他英格兰君主那样受到偏见的限制和困扰。

第12章

卡斯蒂尔王国

精彩看点

萨福克伯爵埃德蒙·德·拉·波尔的谋反——逮捕萨福克伯爵埃德蒙·德·拉·波尔——萨福克伯爵埃德蒙·德·拉·波尔二次出逃——马克西米利安一世不再接受英格兰叛乱者——萨福克伯爵埃德蒙·德·拉·波尔辗转欧洲各国——阿拉贡的凯瑟琳的婚事——卡斯蒂尔的腓力一世——亨利七世的婚姻选择——阿拉贡国王斐迪南二世面临的挑战——与马克西米利安一世缔结共同防御条约——马克西米利安一世对威尼斯共和国的不满——远离《坎布赖和约》——阻止法兰西王国与苏格兰王国结盟——玛丽·都铎与卡斯蒂尔的查理完婚——亨利七世驾崩

亨利七世仍然对约克家族在世的成员保持警惕。虽然在沃里克伯爵爱德华·金雀花去世后,约克家族的所有男性成员都已经不在人世。但对推翻理查三世统治,感到极度失望的德·拉·波尔家族不仅有夺位的可能,还有来自外国盟友的支持。因此,德·拉·波尔家族被亨利七世视为潜在威胁。德·拉·波尔家族首领萨福克公爵约翰·德·拉·波尔娶了爱德华四世的妹妹约克的伊丽莎白,但萨福克公爵约翰·德·拉·波尔已经去世多年,又不是王室成员,也从来没有试图争夺王位。即使他的儿子林肯伯爵约翰·德·拉·波尔参与协助兰伯特·西姆内尔的反叛计划,亨利七世仍对萨福克公爵约翰·德·拉·波尔十分尊重信任。萨福克公爵约翰·德·拉·波尔的二儿子埃德蒙·德·拉·波尔继承萨福克公爵的爵位后,因林肯伯爵约翰·德·拉·波尔被剥夺公民权利,德·拉·波尔家族丧失大量财产。因此,萨福克公爵埃德蒙·德·拉·波尔不得不对亨利七世妥协,并且开始使用萨福克伯爵的头衔。随后,萨福克伯爵埃德蒙·德·拉·波尔取回部分被充公的地产。但在私下,萨福克伯爵埃德蒙·德·拉·波尔对亨利七世心怀不满。萨福克伯爵埃德蒙·德·拉·波尔虽然曾在牛津求学并获得比其他贵族更高的学位,但生性暴烈。他不仅擅长马上比武,还具备其他一些难得品质。因此,他曾获嘉德勋章。此外,他在布莱克希思工作勤勤恳恳。亨利七世非常尊敬他,甚至曾去他艾维尔米的家中拜访过。

然而,1498年,萨福克伯爵埃德蒙·德·拉·波尔因在狂怒中杀死一人受到谋杀指控。随后,萨福克伯爵埃德蒙·德·拉·波尔虽然获得亨利七世的赦

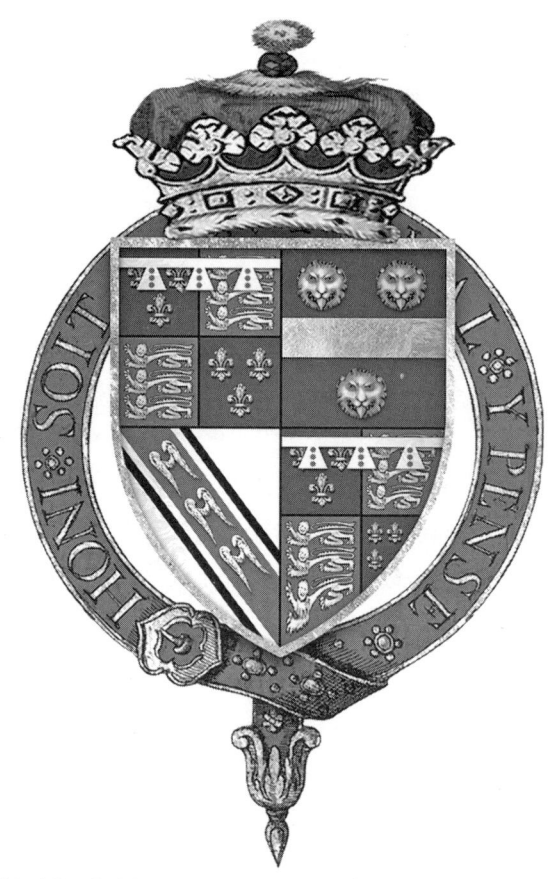

萨福克伯爵埃德蒙·德·拉·波尔的纹章

免,但因被牵扯进官司而自尊心受损。对这桩官司耿耿于怀一段时间后,1499年7月,萨福克伯爵埃德蒙·德·拉·波尔乘船逃往加莱,更确切地说,是逃往吉耶讷,因为当时,詹姆斯·蒂雷尔在吉耶讷担任海军上校。萨福克伯爵埃德蒙·德·拉·波尔逃往加莱后不久,亨利七世就派两名特使前去拜访奥地利大公哈布斯堡的菲利普,命令这两名特使在经过加莱时,使用各种方法劝诱萨福克伯爵埃德蒙·德·拉·波尔回国。这两位特使成功地完成了任务。萨福克伯爵埃德蒙·德·拉·波尔回国后也得到亨利七世的宽恕。1500年,萨福克伯爵埃德蒙·德·拉·波尔还陪同亨利七世访问加莱并参加亨利七世与奥地利大公哈布斯堡的菲利普的会面。1501年8月,威尔士亲王阿瑟·都铎婚礼前三个月,萨福克伯爵埃德蒙·德·拉·波尔与弟弟理查德·德·拉·波尔再次逃亡海外,成功抵达神圣罗马帝国皇帝马克西米利安一世在提洛尔的王宫。一位对萨福克伯爵埃德蒙·德·拉·波尔心怀同情的朋友告诉马克西米利安一世这位萨福克伯爵埃德蒙·德·拉·波尔想要夺回英格兰王位,因为萨福克伯爵埃德蒙·德·拉·波尔认为英格兰王国的臣民受够了亨利七世的"谋杀和暴政"。所谓"谋杀和暴政"自然指的是亨利七世处决沃里克伯爵爱德华·金雀花及理查德·恩普森和埃德蒙·达德利的敲诈行径。马克西米利安一世依旧轻率地表示诺萨福克伯爵埃德蒙·德·拉·波尔前来求助,自己一定会帮助萨福克伯爵埃德蒙·德·拉·波尔实现夺取王位的目标。

这位满怀同情的朋友就是长寿的罗伯特·柯曾爵士。后来,罗伯特·柯曾爵士不仅受到亨利七世的尊重和喜爱,也得到了亨利七世的继位者亨利八世的信

理查德·德·拉·波尔的纹章

赖。但此时，罗伯特·柯曾爵士有些时运不济。罗伯特·柯曾爵士极具古典骑士精神。在萨福克伯爵埃德蒙·德·拉·波尔出逃两年前，罗伯特·柯曾爵士曾被亨利七世要求放弃在哈米斯城堡的指挥官工作并与异教徒作战。随后，罗伯特·柯曾爵士就开始为马克西米利安一世工作。此时，马克西米利安一世的领土屡次遭到土耳其人的入侵。因其出色的工作，罗伯特·柯曾爵士被封为男爵并赢得马克西米利安一世的尊重，英格兰人也破例尊称他为柯曾勋爵。回到英格兰后，罗伯特·柯曾爵士还得到了亨利七世每年拨付的四百英镑津贴。亨利七世十分信任罗伯特·柯曾爵士，认为他不会因为沃里克伯爵爱德华·金雀花遭受处决一事背叛自己。

根据多部史书记载，罗伯特·柯曾爵士不过扮演了罗伯特·克利福德爵士曾经扮演的角色。萨福克伯爵埃德蒙·德·拉·波尔二度出逃后，在圣保罗大教堂十字架前，萨福克伯爵埃德蒙·德·拉·波尔、罗伯特·柯曾爵士和其他五人

圣保罗大教堂十字架

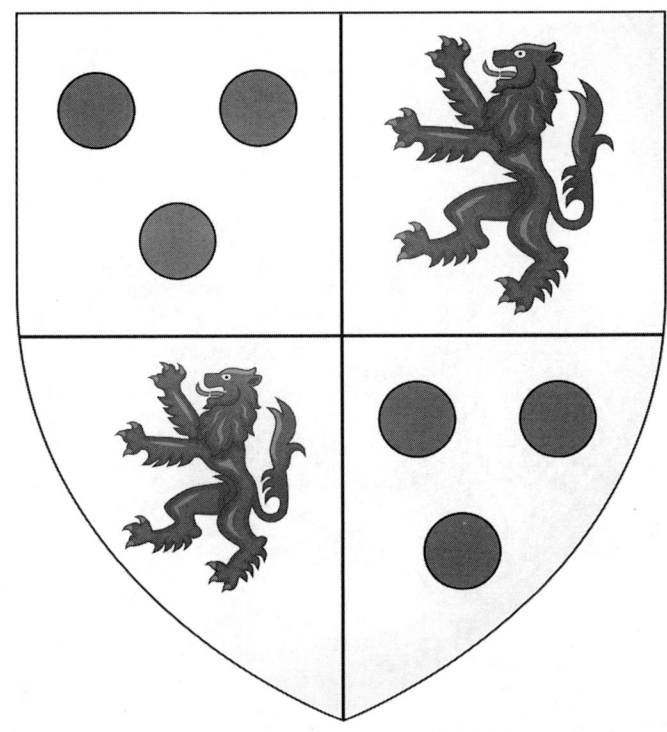

德文伯爵威廉·考特尼的纹章

被控告为背叛亨利七世。这让萨福克伯爵埃德蒙·德·拉·波尔深信他的朋友罗伯特·柯曾爵士并没有背叛自己。然而，这个故事只是误传。在萨福克伯爵埃德蒙·德·拉·波尔出逃四年后，有不少证明罗伯特·柯曾爵士作为哈米斯城堡指挥官依旧保持忠诚的人都改口了。根据后来的来往信件，我们可以判断罗伯特·柯曾爵士的性格，他并不是一位口是心非的人。事实上，萨福克伯爵埃德蒙·德·拉·波尔出逃后，亨利七世不禁心生怀疑，他立刻逮捕了萨福克伯爵埃德蒙·德·拉·波尔身边的朋友和亲人，其中包括德文伯爵爱德华·考特尼的儿子、娶了爱德华四世女儿约克的凯瑟琳的德文伯爵威廉·考特尼，曾效忠理查三世来自奎内斯的指挥官詹姆斯·蒂雷尔爵士和约翰·温德姆爵士。萨福克伯爵埃德蒙·德·拉·波尔的兄弟威廉·德·拉·波尔和德文伯爵威廉·考特尼遭到怀疑仅仅是因为他们与萨福克伯爵埃德蒙·德·拉·波尔和约克家族的关系。因

睡眠中的爱德华五世兄弟

此,他们虽然在亨利七世在位时被监禁了很长时间,但在亨利八世登基后都重新获得自由。詹姆斯·蒂雷尔爵士和约翰·温德姆爵士以叛国罪遭到处决。詹姆斯·蒂雷尔爵士获罪是因为他接待并支持了第一次逃亡吉耶讷的萨福克伯爵埃德蒙·德·拉·波尔。为了逮捕詹姆斯·蒂雷尔爵士,加莱军队不得不包围吉耶讷城堡并承诺保全他的性命。但当詹姆斯·蒂雷尔爵士走出城堡后,加莱军队就违背承诺将他就地处决。约翰·温德姆爵士罪有应得,因为后来,他还坦白了另一起重罪——杀害爱德华五世及其弟弟。

亨利七世采取的严厉措施有效地防止了英格兰国内再次发生任何暴乱。亨利七世既谨慎地任命可信赖的人担任要职,又持续地对这些人保持警觉。因此,愿意为亨利七世效力的人越来越少。与此同时,对萨福克伯爵埃德蒙·德·拉·波尔来说,处在马克西米利安一世保护下也并非幸事。最初,马克西米利安一世以亲戚的身份接纳了萨福克伯爵埃德蒙·德·拉·波尔。但考虑到亨利七世和奥地利大公哈布斯堡的菲利普的亲密关系,神圣罗马帝国皇帝马克西米利安一世不肯迟迟履行诺言。马克西米利安一世应该再好好考虑自己做出的决定。萨福克伯爵埃德蒙·德·拉·波尔在神圣罗马帝国的宫中待了六周以后,马

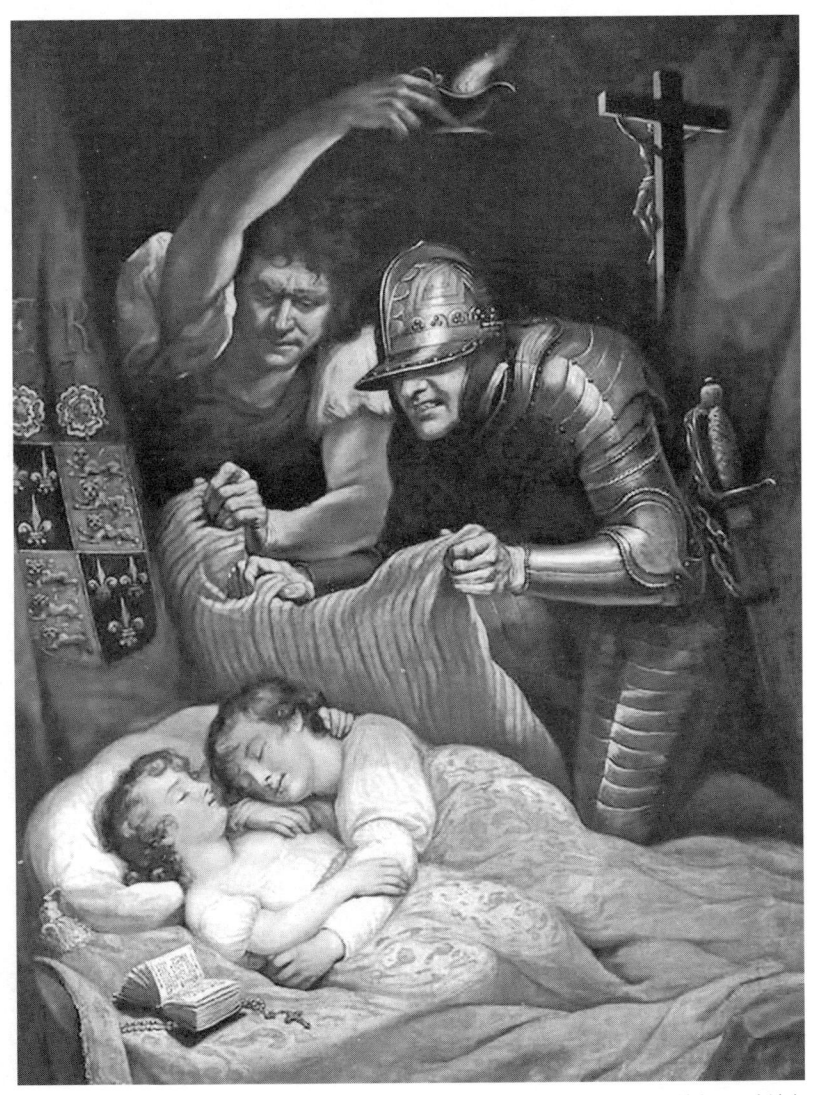

爱德华五世兄弟在睡眠中被害

克西米利安一世承诺将按照伯爵的待遇为萨福克伯爵埃德蒙·德·拉·波尔配置四千名步兵和六百匹马,还让萨福克伯爵埃德蒙·德·拉·波尔带着自己的亲笔信前往亚琛,与亚琛当地的议会商量如何落实后续细节。马克西米利安一世还承诺萨福克伯爵埃德蒙·德·拉·波尔可以利用丹麦王国提供的船只入侵英格兰。然而,这些诺言却迟迟没有落实。马克西米利安一世一直在寻找各种理由搪塞萨福克伯爵埃德蒙·德·拉·波尔。随后,马克西米利安一世还很高兴地建议萨福克伯爵埃德蒙·德·拉·波尔前去投奔法兰西国王路易十二,或者在自己的调解下与亨利七世达成和解。此时,马克西米利安一世打算与亨利七世改善关系。因此,在批准了与英格兰王国的条约后,马克西米利安一世还签署了一万英镑的清还证明书。亨利七世同意向马克西米利安一世提供这笔资金对付奥斯曼土耳其帝国。马克西米利安一世总在为钱发愁。因此,他接受了这笔丰厚的资金并答应今后不再接收任何来自英格兰的叛徒。

天主教徒阿拉贡国王斐迪南二世要求西班牙驻神圣罗马帝国大使马上弄清萨福克伯爵埃德蒙·德·拉·波尔出逃的细节。但萨福克伯爵埃德蒙·德·拉·波尔动作实在太过迅速。没能等到在神圣罗马帝国的巴拉汀宫廷获得援助,萨福克伯爵埃德蒙·德·拉·波尔就踏上海尔德兰公国的领土,希望经过此

天主教徒阿拉贡国王斐迪南二世与其妻卡斯蒂尔的伊莎贝拉一世

萨克森公爵大胡子乔治

处后能与弗里斯兰的萨克森公爵大胡子乔治碰头。此时,萨福克伯爵埃德蒙·德·拉·波尔不但失去了在英格兰的一处地产,而且还被要求将他的弟弟理查德·德·拉·波尔作为人质留在亚琛。然而,刚到海尔德兰公国,萨福克伯爵埃德蒙·德·拉·波尔就被海尔德兰公爵查理二世关进牢狱,除非有人愿意付两千弗罗林才能令他重获自由。安特卫普的一位西班牙商人乐意为萨福克伯爵埃德蒙·德·拉·波尔付清这笔钱。随后,海尔德兰公爵查理二世帮萨福克伯爵埃德蒙·德·拉·波尔筹集了一支约六千人的军队供他暗中差遣。海尔德兰公爵查理

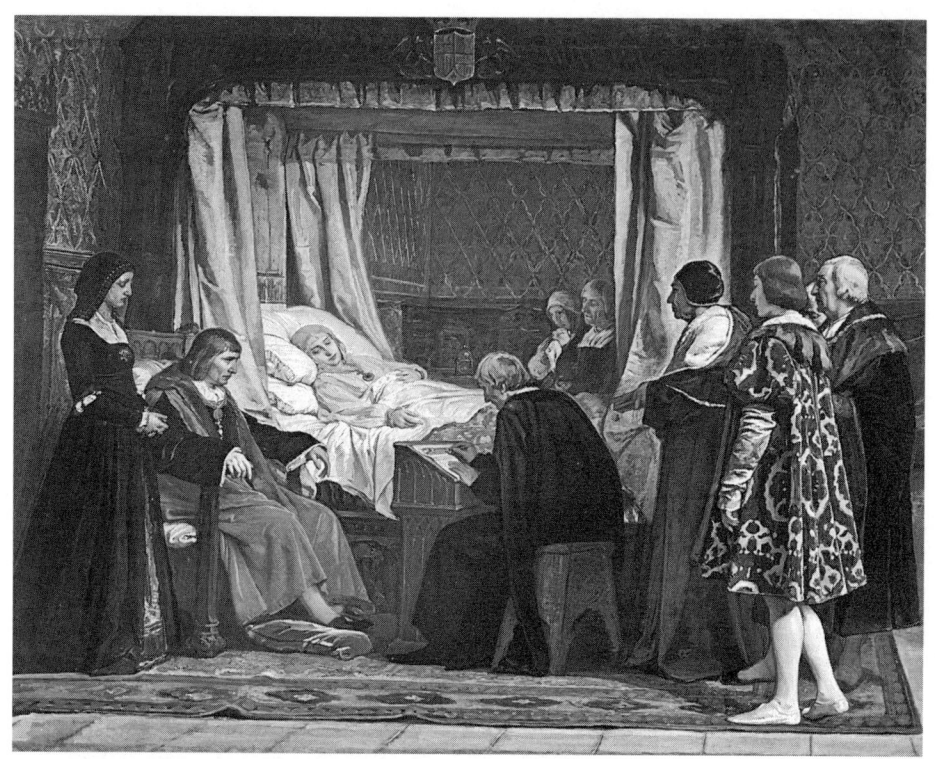

卡斯蒂尔的伊莎贝拉一世的最后时刻

二世认为萨福克伯爵埃德蒙·德·拉·波尔仍有利用价值,可以用他胁迫亨利七世支付一大笔钱。但1505年,奥地利大公哈布斯堡的菲利普与海尔德兰公爵查理二世达成和平协议,萨福克伯爵埃德蒙·德·拉·波尔落入奥地利大公哈布斯堡的菲利普的手中。在岳母卡斯蒂尔的伊莎贝拉一世去世后,奥地利大公哈布斯堡的菲利普就成为卡斯蒂尔国王腓力一世。稍后,我们再介绍萨福克伯爵埃德蒙·德·拉·波尔的遭遇。

通过威尔士亲王阿瑟·都铎与阿拉贡的凯瑟琳公主的联姻,亨利七世巩固了英格兰王国与西班牙王国的政治联盟。威尔士亲王阿瑟·都铎的去世并没有损害英格兰王国与西班牙王国的联盟关系。亨利七世尽管逐渐放弃要求西班牙王国付清嫁妆并将阿拉贡的凯瑟琳公主送回西班牙王国的念头,但仍希望让西班牙王室继续相信英格兰王国与西班牙王国有高度一致的利益。因此,这为亨利七世继续将阿拉贡的凯瑟琳公主扣留在英格兰提供了极佳的借口。以前,卡斯蒂尔的伊莎贝拉一世曾建议阿拉贡的凯瑟琳公主应该与威尔士亲王阿瑟·都铎的弟弟新任威尔士亲王亨利·都铎成亲。但伊丽莎白王后去世后,亨利七世提出一个荒谬绝伦的建议——他将娶阿拉贡的凯瑟琳公主为妻。我们很难想象提出这个建议的亨利七世与以前曾经温情地安慰妻子伊丽莎白王后并与其一起度过丧子之痛的亨利七世是同一人。令人更难接受的是,伊丽莎白王后刚刚去世后,亨利七世竟然提出娶自己的儿媳为妻。这个提议不仅有悖伦理,而且两人的年龄也相差过大,更何况此时,亨利七世已经是阿拉贡的凯瑟琳公主的监护人。听到这一建议后,卡斯蒂尔的伊莎贝拉一世极其震惊。尽管此时,阿拉贡的凯瑟琳公主和威尔士亲王亨利·都铎已经订婚,但卡斯蒂尔的伊莎贝拉一世仍然坚持要求阿拉贡的凯瑟琳公主赶紧回国,因为她认为阿拉贡的凯瑟琳公主继续待在英格兰是一种耻辱。

显然,亨利七世不会轻易将阿拉贡的凯瑟琳公主放走。为了让亨利七世摆脱与阿拉贡的凯瑟琳结婚的念头,卡斯蒂尔的伊莎贝拉一世建议亨利七世娶他人为妻。她将她丈夫的侄女那不勒斯国王斐迪南二世的遗孀那不勒斯的乔瓦娜介绍给亨利七世。那不勒斯的乔瓦娜通常被称作那不勒斯的年轻王后,因为她母亲斐迪南一世的遗孀叫作阿拉贡的乔瓦娜。此时,那不勒斯的乔瓦娜与母亲阿拉贡的乔瓦娜一起在巴伦西亚生活。亨利七世没有立刻否决该提议,他想谨慎考虑后再做决定。最终,亨利七世还是将阿拉贡的凯瑟琳许配给威尔士亲王亨利·都铎。西班牙王室也宣布不再追回阿拉贡的凯瑟琳公主的嫁妆,并且在阿拉贡的凯瑟琳公主与威尔士亲王亨利·都铎婚礼结束后十天付清剩下的嫁妆。阿拉贡的凯瑟琳公主和亨利王子的婚事需要得到罗马教廷的批准。但最终,当教皇尤利乌斯二世的布告到达西班牙前,在1504年11月26日,卡斯蒂尔的伊莎贝拉一世已经离开人世。

卡斯蒂尔的伊莎贝拉一世的去世立即改变了天主教徒阿拉贡国王斐迪南二世的政治地位,具体影响如何仍然有待观察。卡斯蒂尔王国和阿拉贡王国是因为天主教徒阿拉贡国王斐迪南二世和卡斯蒂尔的伊莎贝拉一世的结合才联合起来。因此，卡斯蒂尔的伊莎贝拉一世去世后，卡斯蒂尔王国就不再被天主教徒阿拉贡国王斐迪南二世统治，而是由他的女儿卡斯蒂尔的胡安娜管理。卡斯蒂尔的胡安娜是奥地利大公哈布斯堡的菲利普的妻子，愿意将王位传给丈夫。天主教徒阿拉贡国王斐迪南二世尽管亲自发布命令宣布奥地利大公哈布斯堡的菲利普和卡斯蒂尔的胡安娜立即成为卡斯蒂尔的国王和王后，但仍然希望自己拥有管理卡斯蒂尔王国及在那里征收赋税的权利，这也是卡斯蒂尔的伊莎贝拉一世生前所希望的。另外，卡斯蒂尔的胡安娜生性软弱，只能通过丈夫卡斯蒂尔的腓力一世管理国家，但卡斯蒂尔的腓力一世是不懂西班牙情形的外国人。尽管如此，卡斯蒂尔王国的几位贵族仍急切地希望摆脱天主教徒阿拉贡国王斐迪南二世的统治，因为天主教徒阿拉贡国王斐迪南二世像亨利七世一样总是压迫贵族。与仍在低地国家的卡斯蒂尔的腓力一世通信时，卡斯蒂尔的这几位贵族希望能说服腓力一世尽早来到卡斯蒂尔。

亨利七世焦急地观察着西班牙的动态，甚至派人前去调查情况。西班牙王室一直急切地想与英格兰王国达成新的联盟对抗法兰西王国。因此，1505年，亨利七世派遣三位特使前往西班牙王国觐见天主教徒阿拉贡国王斐迪南二世。带着亨利七世关于西班牙王国与英格兰王国联盟事宜的亲笔意见，三位英格兰王国的特使与天主教徒阿拉贡国王斐迪南二世协商联盟细节。但这不过是个借口，这三位英格兰王国的特使此行还有其他重要目的——通过与西班牙王国的贵族和政治家交谈，他们希望探明天主教徒阿拉贡国王斐迪南二世对卡斯蒂尔王国的实际统治状况及卡斯蒂尔王国的臣民与贵族对天主教徒阿拉贡国王斐迪南二世的真实态度。此外，他们还需弄清卡斯蒂尔的腓力一世和卡斯蒂尔的胡安娜是否会来到卡斯蒂尔；在卡斯蒂尔王国，卡斯蒂尔的腓力一世和卡斯蒂尔的胡安娜这对夫妇与天主教徒阿拉贡国王斐迪南二世究竟谁会获得民众更多地支持；天主教徒阿拉贡国王斐迪南二世能否掌控那不勒斯王国等问题。总之，这三位英格兰王国的特使需要尽可能详细地调查天主教徒阿拉贡国王斐迪南二世目前的统治状况。亨利七世还命令三位特使在正当理由的掩护下，顺路拜访在巴伦西亚居住的年轻的那不勒斯的乔瓦娜，并且收集她的详细信息。大使们需要细致地观察并描述那不勒斯的乔瓦娜的身材、相貌、性格、风度、年龄等特征。亨利七世对特使们带回来的各种信息十分满意。但听到那不勒斯的乔瓦娜在那不勒斯的寡妇授予产已经被全部充公后，亨利七世很快对她失去兴趣。

与此同时，亨利七世尽量减少自己对天主教徒阿拉贡国王斐迪南二世的依赖。尽管威尔士亲王亨利·都铎和阿拉贡的凯瑟琳公主的婚约得等前者到十四岁时才能正式生效，西班牙王室承诺的嫁妆才会到位，但为保险起见，亨利七世唆使威尔士亲王亨利·都铎抗议这份婚约是在他未成年时强制安排的并且未经本人同意。此次抗议在里士满宫中的一个房间里进行且不乏旁观者，但对后来没起到任何作用。显然，这次抗议是亨利七世的随意之举。西班牙王室承诺的嫁妆仍旧没到。天主教徒阿拉贡国王斐迪南二世承诺威尔士亲王亨利·都

阿拉贡的凯瑟琳公主

铎年满十五岁后一定会把剩余的嫁妆付清，虽然这笔钱应该在一年前付清。目前，亨利七世已经收到一半嫁妆且继续等待着剩余部分的嫁妆，但阿拉贡的凯瑟琳公主的日子很难过。尽管天主教徒阿拉贡国王斐迪南二世曾让阿拉贡的凯瑟琳带着价值三万五千司库多的黄金和珠宝来到英格兰，但这笔嫁妆在佩德罗·德·阿亚拉的监管下并禁止阿拉贡的凯瑟琳私自使用。来到英格兰四年后，阿拉贡的凯瑟琳公主除了饮食开支外身无分文。她父亲天主教徒阿拉贡国王斐迪南二世下定决心让亨利七世来负担她的生活费用，而亨利七世认为天主教徒阿拉贡国王斐迪南二世该保障她的生活费用。因此，阿拉贡的凯瑟琳公主一直处在穷困潦倒的痛苦境地，甚至无法给身边的仆人付工钱和买衣服。

1506年，好运降临到亨利七世身上。1506年1月，卡斯蒂尔的腓力一世和卡斯蒂尔的胡安娜从西兰岛前往卡斯蒂尔继承王位。没想到途中遭遇强风暴的袭击，卡斯蒂尔的腓力一世和卡斯蒂尔的胡安娜的舰队被全部吹散，只能在多塞特郡的韦茅斯紧急靠岸。卡斯蒂尔的腓力一世和卡斯蒂尔的胡安娜将到达英格兰的消息通报给亨利七世后，他们就被亨利七世邀请到英格兰的王宫做客。亨利七世对卡斯蒂尔的腓力一世和卡斯蒂尔的胡安娜十分热情，还给卡斯蒂尔的腓力一世颁发了嘉德勋章。接下来，亨利七世和卡斯蒂尔的腓力一世签署了联盟友好条约。几天后，卡斯蒂尔的腓力一世认为应该将逃亡在外的萨福克伯爵埃德蒙·德·拉·波尔交还给亨利七世。传言卡斯蒂尔的腓力一世曾要求亨利七世一定要保住萨福克伯爵埃德蒙·德·拉·波尔的性命。因此，卡斯蒂尔的腓力一世一直待在英格兰，直到萨福克伯爵埃德蒙·德·拉·波尔从佛兰德斯启程回国。这一传言的前半部分似乎是真实的，尽管亨利七世在与卡斯蒂尔的腓力一世签订的联盟条约中强迫卡斯蒂尔的腓力一世无条件地交出手中所有的英格兰逃犯。但被押送到伦敦塔后，萨福克伯爵埃德蒙·德·拉·波尔一直没有性命之虞。直到亨利八世登基，在没有经过任何审判的情况下，萨福克伯爵埃德蒙·德·拉·波尔遭到直接处决。传言的后半部分却并不符合事实，1506年3月，卡斯蒂尔的腓力一世就离开英格兰，但直到1506年3月月底，萨福克伯爵埃德蒙·德·拉·波尔才从佛兰德斯出发回国。将萨福克伯爵埃德蒙·德·拉·波尔遣送回国并不是亨利七世从卡斯蒂尔的腓力一世那里得到的唯一好处。回到西班牙前,卡斯蒂尔的腓力一世还与亨利七世签订了另一个条约。尽管条约上标注的签订时间是1506年4月30日,但在回国几周前,卡斯蒂尔的腓力一世就已经签好这份条约。这份条约的主要目的是规范英格兰人与佛拉芒人间的贸易往来。但由于更符合英格兰人的利益,该条约佛拉芒人称作"坏贸易条约",与1496年签订的"好贸易条约"形成对比。

此外,亨利七世还打算迎娶卡斯蒂尔的腓力一世的姐姐奥地利的玛格丽特。奥地利的玛格丽特是位寡妇,时年二十七岁,曾结过两次婚。第一次是和天主教徒阿拉贡国王斐迪南二世的长子阿斯图里亚斯的胡安,第二次是和萨沃伊公爵菲利贝尔二世。马克西米利安一世已经派人前往英格兰商议联姻事宜,最

萨沃伊公爵菲利贝尔二世

终的婚约在伦敦由马克西米利安一世派来的特使、卡斯蒂尔的腓力一世和亨利七世三人共同拟定。之前，卡斯蒂尔的腓力一世曾经委托奥地利的玛格丽特帮助他管理低地国家。因此，亨利七世和奥地利的玛格丽特的婚事不但可以让亨利七世获得对低地国家的管辖权，而且可以让亨利七世拥有奥地利的玛格丽特在西班牙和萨沃伊的寡妇授予产。但奥地利的玛格丽特本人强烈反对这桩婚事。1506年9月，在卡斯蒂尔的腓力一世抵达卡斯蒂尔三个月后，卡斯蒂尔的腓力一世去世。亨利七世与奥地利的玛格丽特的这桩婚事也不了了之。

卡斯蒂尔的腓力一世去世的消息很快传到英格兰。听到他去世消息后，亨利七世马上给天主教徒阿拉贡国王斐迪南二世写信，要求与卡斯蒂尔的腓力一世的遗孀卡斯蒂尔的胡安娜结婚。亨利七世十分了解此时卡斯蒂尔的胡安娜已经精神错乱，但这不能阻止他通过联姻获取卡斯蒂尔统治权的意愿。亨利七世虽然有上述目标，但并不认为天主教徒阿拉贡国王斐迪南二世会支持自己。因此，亨利七世厚颜无耻地要求阿拉贡的凯瑟琳公主给她的父亲写信劝说其接受这桩婚事。此时，阿拉贡的凯瑟琳发现只有迅速结婚才能摆脱穷困潦倒的生活，但她的婚事因为父亲和公公之间的分歧被一再拖延。因此，阿拉贡的凯瑟琳给父亲写信，恳求他看在自己的份上迁就亨利七世。西班牙王国驻英格兰王国大使佩德罗·德·阿亚拉坚信，亨利七世绝不会干涉天主教徒阿拉贡国王斐迪南二世在卡斯蒂尔王国的统治。因此，他也建议天主教徒阿拉贡国王斐迪南二世接受这一联姻提议。佩德罗·德·阿亚拉认为这桩婚事不仅对天主教徒阿拉贡国王斐迪南二世有利，还可以帮助卡斯蒂尔的胡安娜恢复神智。他甚至还在写给天主教徒阿拉贡国王斐迪南二世的信中，说亨利七世的顾问们丝毫不在意卡斯蒂尔的胡安娜的精神疾病，因为这并不会影响她的生育能力。

虽然天主教徒阿拉贡国王斐迪南二世的真实想法我们不得而知，但他再没有反对亨利七世与她的女儿卡斯蒂尔的胡安娜的联姻提议。虽然他不了解卡斯蒂尔的胡安娜是否愿意再婚，但如果卡斯蒂尔的胡安娜愿意再婚的话，亨利七世是她的最佳丈夫人选。天主教徒阿拉贡国王斐迪南二世认为联姻计划必须悄悄进行，因为卡斯蒂尔的胡安娜非常任性且难以控制。对天主教徒阿拉贡国王斐

安古兰公爵法兰西的弗朗西斯

迪南二世,亨利七世发现可以尽情玩弄借口游戏,他也试图通过各种借口让天主教徒阿拉贡国王斐迪南二世放松警惕。亨利七世虽然从来没有放弃与卡斯蒂尔的胡安娜的结婚计划,但也向奥地利的玛格丽特再次提亲。他还对阿拉贡的凯瑟琳公主说,由于她的父亲没能按照联姻条约的规定付清嫁妆,她才无法与威尔士亲王亨利·都铎结婚。亨利七世清楚地知道法兰西国王路易十二会按照以前的约定,将安古兰公爵法兰西的弗朗西斯的妹妹嫁给威尔士亲王亨利·都铎。与

神圣罗马帝国皇帝查理五世

此同时,亨利七世正在谋划将自己的女儿玛丽·都铎公主嫁给卡斯蒂尔的腓力一世的儿子卡斯蒂尔王子——后来的神圣罗马帝国皇帝查理五世。

　　天主教徒阿拉贡国王斐迪南二世尽管最早建议亨利七世与西班牙王室联姻,但当他察觉到亨利七世对卡斯蒂尔王国的统治野心后就不免心生嫉妒。圣奥尔本子爵弗朗西斯·培根认为,尽管亨利七世清楚卡斯蒂尔的贵族一向不满天主教徒阿拉贡国王斐迪南二世的统治,但亨利七世头脑中并没有统治卡斯蒂尔这类眼光长远和冒险的想法。然而,如果圣奥尔本子爵弗朗西斯·培根曾经阅读当时西班牙的官方文件，那么他就会发现亨利七世经常会有上述设想。圣奥尔本子爵弗朗西斯·培根还会找到足够的证据，证明虽然当时英格兰王国与西班牙王国还保持着友好关系，但亨利七世早已失去过去对天主教徒阿拉贡国王斐迪南二世的尊重，而这种变化有可能是卡斯蒂尔的腓力一世访问英格兰王国时发生的。所有证据都表明亨利七世并没有像圣奥尔本子爵弗朗西斯·培根描述的那样，一边对卡斯蒂尔的腓力一世展示礼貌的亲近，一边对天主教徒阿拉贡国王斐迪南二世保持热情。真相与此恰恰相反。过去与天主教徒阿拉贡国王斐迪南二世打交道的经历，并没有让亨利七世心怀感激。就算不想推翻天主教徒阿拉贡国王斐迪南二世在卡斯蒂尔的统治，亨利七世也的确打算向天主教徒阿拉贡国王斐迪南二世展示自己的这一能力。西班牙国内确实流传着亨利七世打算入侵西班牙并已经开始着手准备舰队的谣言。因此，天主教徒阿拉贡国王斐迪南二世对亨利七世抱有极高的警惕。天主教徒阿拉贡国王斐迪南二世不但没有轻视谣言，而且开始部署军队和船只保卫西班牙的海岸线。在卡斯蒂尔的伊莎贝拉一世去世后，天主教徒阿拉贡国王斐迪南二世，这位曾经的伟人面临重重困难，而不得不采用卑劣的手段令人感到十分可悲。为了更好地对付卡斯蒂尔的腓力一世，天主教徒阿拉贡国王斐迪南二世一改往日的政策。过去，他曾与法兰西王国结盟，还与一位法兰西公主结过婚。他曾买通法兰西王国放弃那不勒斯王国，为的是在意大利南部保持完整的主权。腓力一世去世后他回到西班牙，发现现今的卡斯蒂尔比以前更难管理。此时，他急需金钱，甚至到了给在英格兰遭遇财务窘境的阿拉贡的凯瑟琳公主提供财政支持都困难重重的地步。天主教徒阿拉贡国王斐迪南二世甚至曾经打算放弃向英格兰王国付清阿拉贡的凯瑟琳公主的嫁妆，并且对法兰西国王路易十二表示自己不赞同西班牙王国和英格兰王国二度联姻。

　　天主教徒阿拉贡国王斐迪南二世没有采取任何行动促成威尔士亲王亨利·都铎与阿拉贡的凯瑟琳的这桩婚事。尽管自己的女儿正处在财务困难中，但天主教徒阿拉贡国王斐迪南二世仍然以曾经对待路易十二的方式对待亨利七世。传闻路易十二曾给天主教徒阿拉贡国王斐迪南二世写信抱怨对方欺骗自己。天主教徒阿拉贡国王斐迪南二世读信后立即回应道："这个酒鬼在撒谎！我明明欺骗过他三次。"天主教徒阿拉贡国王斐迪南二世是一位很会玩弄外交手腕的天主教国王，但他一直无法蒙蔽亨利七世。天主教徒阿拉贡国王斐迪南二世曾成功说服过亨利七世为阿拉贡的凯瑟琳公主拨款，从而让她的仆人们不再衣不遮体。但在天主教徒阿拉贡国王斐迪南二世没有付清嫁妆的情况下，亨利七世绝不会推动威尔士亲王亨利·都铎与阿拉贡的凯瑟琳联姻。事实上，亨利七世已经厌倦了他的西班牙盟友天主教徒阿拉贡国王斐迪南二世，转而打算发展与马克西米利安一世的联盟关系。亨利七世尽管还没有放弃与卡斯蒂尔的胡安娜联姻的念头，但对这桩婚事抱着无所谓的态度。因此，亨利七世再次向奥地利的玛格丽特提亲。玛丽·都铎公主和卡斯蒂尔的查理王子之间的婚约也得到了英格兰王国与卡斯蒂尔王国认可。

  目前，天主教徒阿拉贡国王斐迪南二世面临着严峻的挑战。亨利七世提出的两桩婚约都不符合天主教徒阿拉贡国王斐迪南二世的切身利益：第一桩婚事会让亨利七世拥有管理低地国家的权力，第二桩会让亨利七世可以统治卡斯蒂尔。英格兰王国通过两桩婚事可以加强英格兰王国与法兰西王国间的纽带，甚至让法兰西王国成为中立国，但一个强大而孤立的英格兰王国是极其危险的。尽管马克西米利安一世和路易十二世都极力维护与英格兰王国的关系，但英格兰王国对此态度冷漠。此时，虽然亨利七世正在追求奥地利的玛格丽特，但当她派来特使卡塞勒教区长乔治·德·泰默塞克请求英格兰王国保护佛兰德斯伯国免受法兰西王国和海尔德兰公国的入侵时，亨利七世却无动于衷。亨利七世认为佛兰德斯伯国根本不是法兰西王国的对手，因此佛兰德斯伯国应该与法兰西王国维持和平关系。亨利七世告诉卡塞勒教区长乔治·德·泰默塞克自己将向马克西米利安一世提出有利建议。该建议不仅可以帮助马克西米利安一世解决佛兰德斯伯国和海尔德兰公国的麻烦，还可以让他变成欧洲最强大的统治者。如果马克西米利安一世愿意照他说的去做，亨利七世将帮助马克西米利安一世利用马克西米利安一世王储监护人的身份，一步步夺取卡斯蒂尔的统治权。亨利七世向特使暗示，只有在跟马克西米利安一世私下进行两人会面时，他才会告诉马克西米利安一世实现计划的具体步骤，而且他会向马克西米利安一世保证该计划是完全可行的。亨利七世希望在听从自己的意见以前,马克西米利安一世不要盲目采取任何远征行动。作为一位以智慧闻名的国王,亨利七世的话被卡塞勒监狱长——这位曾在尼德兰与托马斯·莫尔爵士举行过会谈并被给予极高评价的政治家牢牢记在心中。卡塞勒监狱长极其重视亨利七世与马克西米利安一世间的沟通。尽管还不知道亨利七世的具体计划,但卡塞勒监狱长也能推测计划的大体内容。在马克西米利安一世和亨利七世见面前,天主教徒阿拉贡国王斐迪南二世就已经意识到,其他国家要结成联盟对付自己。首先,1507年12月21日,亨利七世与马克西米利安一世和卡斯蒂尔的查理王子成立共同防御联盟。与此同时,他们还签署了卡斯蒂尔的查理王子和玛丽·都铎公主的联姻

玛丽·都铎

条约。其次，就在此时，马克西米利安一世与法兰西王国也结成联盟。显然，天主教徒阿拉贡国王斐迪南二世保持高度警惕。他立刻派出西班牙最优秀的特使古铁雷·戈麦斯·德·丰萨利达带着阿拉贡的凯瑟琳公主剩下的嫁妆前往英格兰。

天主教徒阿拉贡国王斐迪南二世准确地推测到此时亨利七世的势力更胜一筹，并且亨利七世可以决定阿拉贡的凯瑟琳的婚事。随后，亨利七世果然拒绝了西班牙特使古特雷·戈麦斯·德·丰萨利达带来的嫁妆，并且声称自己不再接受原联姻条约规定的嫁妆数量——考虑到西班牙王室迟迟未能付清剩下的嫁妆，亨利七世确实已经不再受原联姻条约的约束了。亨利七世成功地让天主教徒阿拉贡国王斐迪南二世屡次做出妥协。亨利七世要求这笔嫁妆不但必须用硬币支付，并交到他本人手中，而且在任何情况下，不得由天主教徒阿拉贡国王斐迪南二世代为保管。天主教徒阿拉贡国王斐迪南二世答应了亨利七世的要求后，亨利七世还坚持天主教徒阿拉贡国王斐迪南二世必须认可卡斯蒂尔的查理王子和玛丽·都铎公主的婚约，否则自己将不会为威尔士亲王亨利·都铎和阿拉贡的凯瑟琳公主举行婚礼。简而言之，天主教徒阿拉贡国王斐迪南二世必须允许亨利七世取代自己在卡斯蒂尔的统治地位。

天主教徒阿拉贡国王斐迪南二世极度恼怒。对亨利七世的最后要求，天主教徒阿拉贡国王斐迪南二世忍无可忍，即使像他这样精明的外交家也很难做出巧妙的回应。此刻，西班牙特使古铁雷·戈麦斯·德·丰萨利达也不好过，他抱怨自己在亨利七世的宫中被无礼对待。西班牙民众则不满天主教徒阿拉贡国王斐迪南二世对留在英格兰的阿拉贡的凯瑟琳公主不管不顾。但此时，天主教徒阿拉贡国王斐迪南二世不敢跟亨利七世争执，因为没有亨利七世的允许，他无法把阿拉贡的凯瑟琳公主接回国。天主教徒阿拉贡国王斐迪南二世只能谨慎地采取行动，唯恐亨利七世联合其他国家欺骗自己。天主教徒阿拉贡国王斐迪南二世知道法兰西王国与英格兰王国走得很近，而在亨利七世的诱导下，缺乏资金的马克西米利安一世一定会为英格兰王国的利益服务。此时的马克西米利安一世还有另一个弱点。因为以前让意大利各国接受自己神圣罗马皇帝头衔的计划

红衣主教乔治·德·布鲁瓦兹

被威尼斯议会断然拒绝,所以马克西米利安一世不喜欢威尼斯共和国。随后,马克西米利安一世又被路易十二手下精明的大臣红衣主教乔治·德·布鲁瓦兹的策略蒙蔽。此时,红衣主教乔治·德·布鲁瓦兹正努力帮助法兰西国王路易十二对意大利发动第二次进攻。西班牙王国的这两大对手法兰西王国与神圣罗马帝国正打算联手对付威尼斯共和国。此时,他们正在拟定一份秘密协议,天主教徒阿拉贡国王斐迪南二世和好战的教皇尤利乌斯二世也愿意加入这份协议并瓜分威尼斯共和国的领土。

亨利七世尽管很清楚局势,但并不打算参与制定这份不光彩的协议。1508年

12月10日，在坎布赖，最终协议敲定。此外，还通过了一份关于海尔格兰公国的协议作为此协议的遮羞布。亨利七世有自己的目标，自私自利的盟友反而会帮助亨利七世实现自身目标。亨利七世知道他的盟友们的真实想法。基于自身利益，亨利七世有必要提前提醒他的这些即将上当的盟友们。虽然马克西米利安一世从来没有找到一个合适的机会与亨利七世会面，但亨利七世总能找到方法与马克西米利安一世或其女奥地利的玛格丽特沟通，这也是亨利七世秘密计划中的内容。英格兰王国驻低地国家大使爱德华·温菲尔德爵士催促表面上代表马克西米利安一世出席坎布赖会议的奥地利的玛格丽特，尽她所能破坏天主教徒阿拉贡国王斐迪南二世与法兰西国王路易十二的联盟关系，因为一旦西班牙王国与法兰西王国之间的联盟不复存在，天主教徒阿拉贡的斐迪南二世就必须将卡斯蒂尔的统治权交给卡斯蒂尔的查理王子的监护人马克西米利安一世，而最终，马克西米利安一世又将会把卡斯蒂尔的统治权交给亨利七世。因此，就像圣奥尔本子爵弗朗西斯·培根所说："马克西米利安一世绝不是卡斯蒂尔的统治者。"

还有另外一位英格兰的使节正与奥地利的玛格丽特交流意见，此人就是具有无与伦比外交技巧的托马斯·沃尔西神父。在亨利八世统治期间，托马斯·沃尔西神父升为红衣主教并长期担任英格兰大法官一职。正是此时，托马斯·沃尔西神父被派往佛兰德斯。离开后的第三天晚上，托马斯·沃尔西又迅速赶回里士满。1508年10月，在梅赫伦，托马斯·沃尔西神父与奥地利的玛格丽特协商她与亨利七世的婚事，并且为亨利七世接管卡斯蒂尔做准备，这并不是他首次展现自己高超的外交技巧。同年，亨利七世还曾派托马斯·沃尔西前往苏格兰。在苏格兰，他告诫苏格兰国王詹姆斯四世不要轻举妄动，从而阻止法兰西王国作梗破坏英格兰王国与苏格兰王国和平关系的阴谋。虽然在1505年，苏格兰国王詹姆斯四世曾经庄严承诺将不会与法兰西王国联手对付英格兰王国，但此时，他已经暗中谋划此事。詹姆斯四世派出阿伦伯爵詹姆斯·汉密尔顿及其弟弟帕特里克·汉密尔顿爵士前往法兰西王国。阿伦伯爵詹姆斯·汉密尔顿和帕特里克·汉密尔顿企图通过伪装自己，途经英格兰，最终进入法兰西。亨利七世自然不会允许这样的事情再次发生，派出休·沃恩在肯特截住阿伦伯爵詹姆斯·汉

托马斯·沃尔西神父

密尔顿和帕特里克·汉密尔顿,并且将他们带回伦敦。亨利七世将阿伦伯爵詹姆斯·汉密尔顿和帕特里克·汉密尔顿爵士扣押在伦敦,并且声称在詹姆斯四世给出合理解释前不会允许他们回国,尽管阿伦伯爵詹姆斯·汉密尔顿和帕特里克·汉密尔顿爵士受到伦敦市长与治安官的宴请,还与亨利七世见面会谈。最终,通过托马斯·沃尔西神父的努力斡旋,英格兰王国与苏格兰王国达成和解。

最终,托马斯·沃尔西神父完成了亨利七世交付的任务,但在佛兰德斯的协商并非一帆风顺。我们无从得知协商的具体细节,但托马斯·沃尔西神父曾抱怨让马克西米利安一世和奥地利的玛格丽特遵守诺言十分困难。如果最后能联姻成功,那么亨利七世表示愿意偶尔在低地国家居住;亨利七世也同意奥地利的玛格丽特以她的名义统治低地国家。亨利七世愿意了解马克西米利安一世和奥地利的玛格丽特的目的,并且希望通过合理的方式与马克西米利安一世和奥地利的玛格丽特进行协商,但马克西米利安一世和奥地利的玛格丽特永远拿不定主意。马克西米利安一世和他的顾问们虽然更重视与英格兰王国建立对抗威尼斯共和国的秘密联盟,但对分化法兰西王国和阿拉贡王国的关系并不感兴趣。因此,亨利七世只能靠分化法兰西王国与阿拉贡王国的关系达到自己的目标。

然而,现在有一件事情已经敲定。在这件事上,亨利七世也不愿放弃自己的利益。亨利七世的女儿玛丽·都铎公主和卡斯蒂尔的查理王子的婚约已经缔结,约翰·贝格勋爵代表马克西米利安一世和卡斯蒂尔的查理王子前往英格兰庆祝这件喜事。随后,在众人的祝福声中,八岁的卡斯蒂尔的查理王子与十二岁的玛丽·都铎公主在伦敦举行盛大婚礼。这门婚事融合了英格兰王室和奥地利公爵家族的血脉,让英格兰王国与神圣罗马帝国建立了长久的友谊。1508年12月17日,对抗威尼斯共和国的坎布赖秘密协议签订一周后,在里士满宫玛丽·都铎公主和卡斯蒂尔的查理王子举行婚礼庆典。1508年12月21日,马克西米利安一世和卡斯蒂尔的查理王子将价值五万克朗的珠宝交给亨利七世。没有人会在马克西米利安一世手中没钱的时候跟他达成交易。尽管这桩婚事对天主教徒阿拉贡国王斐迪南二世不利,并且亨利七世仍然坚持要求夺走天主教徒阿拉贡国王斐迪南二世对卡斯蒂尔的统治权,但最终,亨利七世没有达成自己的目的,因为1509年4月,亨利七世就驾崩了。

第13章

治国明君与都铎王朝的繁荣

精彩看点

晚年的仁慈——建筑审美造诣——优秀的政治家品质——奠定都铎王朝的治国方略——与谋臣的关系——对立法工作的巨大贡献——提高公共福利——和平爱好者——稳健的执政风格——与臣民的关系——重视教育——重用神职人员与律师——虔诚的基督徒——鼓励航海事业

亨利七世的身体向来羸弱。到了晚年，亨利七世的身体健康更是每况愈下。但亨利七世以其强大的精神战胜了虚弱的身体，仍旧不辞劳苦地工作着。1507年，刚从重病中痊愈的亨利七世像年轻了二十岁一般精神焕发。但不久，亨利七世身患痛风，常常感到胸口疼到无法呼吸。亨利七世仿佛预感到自己在世的时间不多。因此，他变得更加仁慈大度。亨利七世不但赦免了所有因欠债五十先令以下而被监禁的伦敦囚犯，还对理查德·恩普森和埃蒙德·达德利欺压民众的行为心存愧疚。他的儿子亨利八世遵循他生前的嘱托，登基后就废止了诸多债务规定——这些规定曾让理查德·恩普森和埃蒙德·达德利等人赚得盆满钵满。虽然亨利七世良心备受谴责，但他在世时，理查德·恩普森和埃蒙德·达德利依旧像从前那样肆无忌惮。直到亨利八世登基，理查德·恩普森和埃蒙德·达德利才因滔天民愤遭到处决。

在建筑审美上，亨利七世极具造诣。去世前一年，即1508年，亨利七世已经完成了萨沃伊救济院的筹建工作。与此同时，他还为身后处所——威斯敏斯特教堂拨付专款进行修葺。亨利七世还将毕生积累，共计约一百八十万英镑[①]的财富都藏匿在秘密居所中。这绝不是亨利七世吝啬，而是他要始终保证每笔钱花得物有所值。对亨利七世来说，丰厚的财产才是和平与安全的有力保障。此外，

---

① 相当于现在一千八百万英镑。

威斯敏斯特教堂

亨利七世还对教育、音乐和建筑等方面慷慨投资，他华丽炫目的宫殿令每位来访的外国使臣眼花缭乱。

圣奥尔本子爵弗朗西斯·培根将亨利七世形容为天下最有智慧的君主。亨利七世的顾问们虽然起初对亨利七世并不抱太大信心，但能够看到他身上具备的伟大政治家的特质，并给予他极高的评价。亨利七世推行政令的能力令欧洲各国的君主们惊叹，亨利七世对欧洲各国风土人情的了解令欧洲各国的使臣们震撼。作为一个被剥夺了公民权利的逃亡者，亨利七世的人生开端并不顺利。但在动荡的乱世中，亨利七世依旧坐稳了江山。为英格兰，亨利七世带来了和平安定。与此同时，亨利七世还十分重视与其他国家开展通商，这使得他与欧洲的强大盟友们关系密切。亨利七世让法兰西王国、西班牙、意大利和尼德兰的统治者们意识到，英格兰的君主可以对本国内部重大问题的发展变化施加影响。虽然最后，他没有加入野蛮的坎布赖联盟，但这并没有触及英格兰王国的自身利益。再加上缔结坎布赖联盟的欧洲国家并没有听取亨利七世的警告和建议，这些因素使得亨利七世决定对坎布赖联盟保持置身事外的态度。亨利七世始终不认同坎布赖联盟建立的初衷，并且猜到坎布赖联盟不会有好的结局。果然，在亨利七世去世后不久，坎布赖联盟便土崩瓦解。

亨利七世颁布的所有政策都是出于自己的考量。亨利七世虽然善于识人用人，但向来只是广纳众意而不是一味盲从。除了威廉·斯坦利爵士，亨利七世从来没有惩罚过其他谋臣。但亨利七世始终牢牢地把控着治国大权，从来不允许任何谋臣左右自己的决定。"他机敏过人，始终遵循自己的意志和处理问题的方式，确实具备统治才能……而且不容许任何人接近自己的权力和秘密。"要想通晓亨利七世、亨利八世和伊丽莎白一世的治国策略，就必须认识到，不管手下有多少能臣，那时英格兰的君主都始终将自己视为国家的核心。譬如，就连亨利七世一手提拔的亲信托马斯·沃尔西神父，也不能左右亨利七世的继承人亨利八世做出的最终决策。都铎王朝的君主们一贯的治国方略就是"身体力行"——套用现代的语言就是"不仅要统治国家，而且真正地治理国家"。他们承认我们现行的"宪政原则"，但他们的大臣们要为君主的决策失误承担责任。红衣主教约翰·莫顿和雷金纳德·布雷爵士就常常背负着过度收取苛捐杂税的罪名，但事实恰恰相反，他们一直在尝试尽量减轻民众的赋税。没有人敢对君主的不当施政问责，也没有大臣敢为自己"背负"的罪名辩驳。总之，替君主背负骂名也是都铎王朝时期大臣们的一项职责。

然而，这并不意味着亨利七世的谋臣们都是平庸之辈，否则他的谋臣们也无法一直为亨利七世鞠躬尽瘁。当时就有敏锐的观察家指出，其实亨利七世的谋臣们对亨利七世影响巨大。由于年少时长期旅居海外，亨利七世只能算半个英格兰人。亨利七世原本倾向用法兰西王国式的治国方式治理英格兰，但他的谋臣们帮他更好地融入英格兰本土的政治环境。因此，亨利七世十分谨慎地起用了一批理查三世的重臣。在统治的后期，亨利七世因为意识到自己的执政地位已经稳固，便对一些进言不再小心处之，所以也做出了一些错误的决定。虽然他没有开除过自己的谋臣，但很显然，也有两三个谋臣失去了他的信任。在聘请外国人担任官员的问题上，亨利七世始终秉持着开明包容的态度。

在位期间，亨利七世对英格兰王国的立法工作做出了诸多贡献。我们无从知晓当时通过的法案中有多少来自他本人的想法，但可以确定他参与了所有立法工作前期的讨论及后面的审批工作。亨利七世尽管有时会在立法提案后面做出批注，但从没有对任何立法提案行使过宪法赋予的否决权，从而使得所有呈交给他的立法提案都能顺利通过。跟都铎王朝时期民众的想法一样，圣奥尔本子爵弗朗西斯·培根也将所有受欢迎的法律都归功于亨利七世。"无论是在维护公平正义还是在政治智慧，亨利七世确实胜人一筹，这是确保法律公平的必要条件。"尽管后人的评价与这句话稍有出入，但历史上对亨利七世立法能力的赞扬确实屡见不鲜。甚至有人认为亨利七世是自爱德华一世以来最优秀的立法

爱德华一世

者，在亨利七世主持下通过的法律"深刻而独特"。他立法的目的旨在提高民众福祉。与那些古代伟大的立法者出发点一样，亨利七世制定法律并不局限于一时一地，而是出于对未来的考量和判断。

当然，圣奥尔本子爵弗朗西斯·培根对亨利七世的赞扬也遭到后人的批判。根据圣奥尔本子爵弗朗西斯·培根制定的分类，某些所谓"深刻"的立法也只是"平庸"的，或者是针对特定情况制订的。譬如，如果在某一问题上，民众有强烈的呼声或广泛的立法要求，那么亨利七世就会对此专题研究立法。亨利七世制定的不少法律确实可称"平庸"，我们可以通过梳理这些法律来更加客观地评价他的立法水平。在位期间，亨利七世仅仅召开过七次议会，并且每次开会时间都不超过一年。因此，在他执政的二十七年中，有许多法律并没有经过议会讨论就颁布实施：有些法律是为回应民众抱怨，例如因贵族生活过于奢华和分配不公引发的暴乱；有些是为维护司法公平；有些是为确保民众能针对立法畅所欲言；有些是为鼓励制造业和商业的发展；有些是为缓解引起众怒的圈地运动。尽管一些旨在解决现实问题的法律和规定不符合当代人的法制标准，但其本身也确实具有超前性，甚至比后面其他王朝出台的法律更加深思熟虑。譬如，有关缓解圈地矛盾的法律虽然允许没收畜牧用途的土地，但从多角度考虑，该法律也并没有彻底禁止圈地行为。

此外，亨利七世进一步出台了许多有助于提高公共福祉的法律：全国监狱的管理权被收回并将其授予郡长；鼓励进口加斯科涅和朗格多克的酒和染料；禁止无用丝绸奢侈品，例如缎带的进口；进一步鼓励英格兰发展羊毛纺织业。亨利七世甚至还通过了一部管制不同种类羊毛价格和限制英格兰黄金货币流向国外的法律。

1504年，亨利七世召开在位期间的最后一次议会。这次议会通过了铸币改革法案，这一法案主要针对英格兰市场上流通的大量残币和伪币。对此，亨利七世提出回收市场上受损的货币并用新铸货币取代这些受损货币。当然，这次改革无疑也符合亨利七世的个人利益，因为在新旧货币兑换过程中，铸币厂可以大赚一笔。但不可否认，亨利七世的这一举动确为商业发展做出了贡献。

接下来，通过分析亨利七世在内政和外交方面的表现，我们可以发现他是一名和平爱好者。不管是在统治初期还是后期，亨利七世始终秉持着和平友善的理念。圣奥尔本子爵弗朗西斯·培根认为英格兰王国与法兰西王国的战争是一场"交易"。为了自身利益，亨利七世欺骗英格兰民众支持反法兰西王国的战争。虽然这种说法有一定的道理，但对法兰西宣战也符合英格兰人的整体利益。因此，不能将对法兰西王国发动战争的责任全推到亨利七世头上，他只是尽了自己作为国王的义务。在这一点上，我们不得不质疑圣奥尔本子爵弗朗西斯·培根对亨利七世"战争狂热分子"及通过战争积累财富的评判是否过于严苛，因为发动战争并非亨利七世的本意。正如历史上的其他伟人一样，亨利七世并没有被英格兰国内狂热的反法兰西呼声所误导。直至去世前，亨利七世仍然建议亨利八世及都铎王朝的后人采取同样的政策。他告诫亨利八世只有对外与法兰西王国结盟、对内韬光养晦，才能实现英格兰的和平与稳定。如果国内政治派系间的争斗对国家的治理产生威胁，那么必须果断将其镇压。

抛开执政需要，亨利七世生性仁慈、爱好和平。亨利七世虽然发动暴乱和战争并为此付出代价，但从战事中也迅速积累了大量财富。这些财富转而强化了他的统治，让他更有能力镇压潜在的叛乱。亨利七世以罚金的方式处罚大部分叛乱者，只处死了少数人。甚至他对贵族比平民更加严厉。亨利七世十分支持和尊重法律。当以超出自己身份的规格接待亨利七世时，牛津伯爵约翰·德·维尔也品尝到违法的苦头。甚至有人即使违反了已经被废止的旧法，也会被处以罚金。虽然以上种种行为及沉重的赋税让民众苦不堪言，但这些做法与亨利七世的继任者亨利八世肆意剥夺公权和将屠杀合法化的行为相比根本不值得一提。

另一个体现亨利七世稳重的执政风格的事例是：亨利七世从来都不鼓励告密者，除非是受他指示，发掘某些阴谋背后秘密的暗探。事实上，亨利七世知晓许多臣民的背叛或不忠行为。但凡有人检举不忠行为，亨利七世总要立刻让告密者说出消息来源，即使是在告密者此前发誓保密的情况下。对一件事，亨利七世要么不理睬，要么就刨根问底。但好在询问时，亨利七世会尽量避免牵扯到他人性命。

圣奥尔本子爵弗朗西斯·培根评价亨利七世"绝不傲慢自负，但始终与臣民保持距离，充分享受在臣民面前国王应有的尊重和权威"。亨利七世的执政风格与来自约克家族的君主们的恰好相反——为了迎合民众，爱德华四世和理查三世都曾放低身段。然而，我们不能因此就断定亨利七世是一个不苟言笑的人。在登基之初，亨利七世就曾凭借和蔼的神态赢得约克市民的爱戴与拥护。有时，亨利七世也会展露自己幽默的天性。某次，在听完一段精心准备的演讲后，亨利七世询问都柏林大主教沃尔特·菲茨西蒙斯对演讲者表现的看法。沃尔特·菲茨西蒙斯回复道："非常棒，不过我觉得他有点过于吹捧您了。"亨利七世微笑着回应道："事实上，我也是这样认为的。"另一则关于演讲的轶事同样体现了他的幽默与智慧。伍斯特主教约翰·德·吉利斯曾写过一首拉丁文的诗赞颂亨利七世。亨利七世听后，押韵地回复他："如果我是牧人，那你就是牛。"

也许亨利七世很少表现他的幽默，但他确实是一位令人如沐春风的君主，也时常展现出自己和蔼可亲的一面。圣奥尔本子爵弗朗西斯·培根告诉我们"他是一位高贵温和的观察者而非一位容易被取悦的人"。在一次骑马对弈中，两位骑手需要手持长矛，并用彩纸精美地装饰自己的坐骑。"一位给马套上盔甲""另一位像个猎手"，后者的坐骑涂上了极其滑稽的图案只为"逗国王一笑"。其实在前面的章节，我们已经提及亨利七世与基尔代尔伯爵杰拉尔德·菲茨杰拉德有趣的会面。尽管有时，亨利七世总是习惯摆出严肃的面孔，但他绝不是一位阴沉易怒的人。亨利七世精通法语和拉丁文，但不懂西班牙语。亨利七世经常与英格兰王国驻法兰西王国大使通信，并且十分喜爱法兰西文学。亨利七世虽然称不上博学多才，但非常热爱学习且重视孩子的教育。亨利七世的宫廷一直对学者开放，托马斯·莫尔爵士和鹿特丹的德西德里乌斯·伊拉斯谟甚至去过亨利八世的保育室。那时，亨利八世还只是个八岁的小男孩，他曾用自己卧室的笔为尼德兰著名学者鹿特丹的德西德里乌斯·伊拉斯谟写字。通过观察亨利八世自幼对写作的热爱，我们不难推测出亨利七世应该同样拥有较高的文学素养。

圣奥尔本子爵弗朗西斯·培根还指出亨利七世喜欢晋升神职人员和律师，尽管这有助于他的行事自主权但无助于他的安全。英格兰国王执政的传统是向身

德西德里乌斯·伊拉斯谟

边的贵族寻求建议，有时，亨利七世也遵循这一传统行事。但在亨利七世的思维里，相较神职人员的易于掌控，贵族们反而容易包藏叛逆心，需要严加管束。此外，通过提高待遇，亨利七世奖励神职人员的辛勤工作——而且这不用动用王室财产。律师可以为亨利七世提供必要的专业咨询。同样，律师们也渴望得到提拔。

我们并不了解亨利七世是否经常与神职人员讨论宗教议题，但他确实相当虔诚。前面的章节，我们曾提到亨利七世怀有一种十字军般的宗教情感。虽然没有留下关于宗教的深刻感悟或精神遗产，但在坎特伯雷，亨利七世曾成功地劝说一名异教徒归顺基督教，即使亨利七世并没有释放此人——因为他害怕这种仁慈的举动会鼓励口是心非的归顺。15世纪末,对异教徒,英格兰王国开展严厉的镇压,但采用的手段是让他们忏悔而不是火刑。亨利七世并不愿意看到基督教信仰的基础受到玷污。亨利七世对宗教的热忱受到了三任教皇的认可,每任教皇都授予他象征荣誉的剑和天鹅绒帽。也许亨利七世将教皇的事业与自己的执政生涯紧密联系地在一起。但他的确利用自己在罗马教廷的影响限制了教会权利,包括提供庇护在内的某些的古老权力,并制止了教皇滥用权力的行为。亨利七世的这种限制教会权力的权力主要是在教皇诺森八世那里获得的。

亨利七世还非常支持商贸往来和冒险探索。在他的鼓励下,1497年,塞巴斯蒂安·卡伯特从布里斯托尔出发,在航行途中发现了纽芬兰岛。四年前的1492

塞巴斯蒂安·卡伯特

年，克里斯托弗·哥伦布刚刚发现了新大陆。如果塞巴斯蒂安·卡伯特的弟弟桑托·卡伯特没有被海盗所害，桑托·卡伯特可能也会在亨利七世的赞助下有伟大的航海发现。

专有名词英汉对照

Henry VII	亨利七世
Henry VI	亨利六世
House of Lancaster	兰开斯特家族
Edward IV	爱德华四世
Richard III	理查三世
Earl of Oxford	牛津伯爵
John de Vere	约翰·德·维尔
St. Michael's Mount	圣迈克尔山岛
Sir Owen Tudor	欧文·都铎爵士
Henry V	亨利五世
Catherine of Valois	瓦卢瓦的凯瑟琳
Earl of Richmond	里士满伯爵
Edmund Tudor	埃德蒙·都铎
Margaret Beaufort	玛格丽特·博福特
Earl of Somerset	萨默塞特伯爵
John Beaufort	约翰·博福特
John of Gaunt	冈特的约翰
Katharine Swynford	凯瑟琳·斯温福德
Richard II	理查二世
Beauforts	博福特家族
House of York	约克家族
St. Agnes the Second	圣艾格尼斯瞻礼日
Pembroke Castle	彭布罗克城堡
St. Anne's Day	圣安妮瞻礼日

Bishop John Fisher	约翰·费希尔主教
Earl of Pembroke	彭布罗克伯爵
Jasper Tudor	贾斯珀·都铎
Oliver Cromwell	奥利弗·克伦威尔
John Leland	约翰·利兰
Harlech Castle	哈勒赫城堡
William Herbert	威廉·赫伯特
Battle of Towton	陶顿战役
Maud Herbert	莫德·赫伯特
Robin of Redesdale	里兹代尔的罗宾
Andreas Scotus	安德烈斯·斯科特斯
Bernard Andre	伯纳德·安德烈
William Shakespeare	威廉·莎士比亚
Margaret of Anjou	安茹的玛格丽特
Edward of Westminster	威斯敏斯特的爱德华
Barnet	巴尼特
Earl of Warwick	沃里克伯爵
Richard Neville	理查德·内维尔
Tewkesbury	蒂克斯伯里
Duke of Brittany	布列塔尼公爵
Francis II	弗朗西斯二世
Duke of Buckingham	白金汉公爵
Humphrey Stafford	汉弗莱·斯塔福德
Henry Stafford	亨利·斯塔福德
Devonshire	德文郡
St. Malo	圣马洛
Pierre Landois	皮埃尔·朗杜瓦
Lord Thomas Stanley	托马斯·斯坦利勋爵
Elizabeth Woodville	伊丽莎白·伍德维尔
Earl of Hereford	赫里福德伯爵
Humphrey de Bohun	汉弗莱·德·博亨
Bishop of Ely	伊利主教
John Morton	约翰·莫顿

Edward Hall	爱德华·霍尔
Richard Grafton	理查德·格拉夫顿
Duke of Somerset	萨默塞特公爵
Edmund Beaufort	埃德蒙·博福特
Worcester	伍斯特
Bridgnorth	布里奇诺斯
Shrewsbury	什鲁斯伯里
Elizabeth of York	约克的伊丽莎白
Sir Reginald Bray	雷金纳德·布雷爵士
Brecknock	雷克诺克
Elizabeth Woodville	伊丽莎白·伍德维尔
Isle of Ely	伊利岛
Flanders	佛兰德斯
Lewes	卢尔斯
Tomas Bourchier	托马斯·伯奇尔
Duke of York	约克公爵
Richard of Shrewsbury	什鲁斯伯里的理查德
Christopher Urswick	克里斯托弗·厄斯威克
Hugh Conway	休·康韦
Plymouth	普利茅斯
Thomas Ramme	托马斯·拉梅
Kent	肯特
Calais	加莱
Edward Woodville	爱德华·伍德维尔
Exeter	埃克塞特
Brecknock	布雷克诺克
Cornwall	康沃尔
Earl of Devon	德文郡伯爵
Edward Courtenay	爱德华·考特尼
Bishop of Exeter	埃克塞特主教
Peter Courtenay	彼得·考特尼
Berkshire	伯克郡
Wiltshire	威尔特郡

Maidstone	梅德斯通
Newbury	纽伯里
Salisbury	索尔兹伯里
Duke of Buckingham's Great Water	白金汉公爵之河
River Severn	塞文河
Normandy	诺曼底
Poole	普尔
Channel	英吉利海峡
Marquess of Dorset	多塞特侯爵
Thomas Grey	托马斯·格雷
Lord Richard Wells	理查德·韦尔斯勋爵
Courtenays	考特尼兄弟
Giles Daubeney	贾尔斯·多布尼
Baron Berners	博纳斯男爵
John Bourchier	约翰·鲍彻
Robert Willoughby	罗伯特·威洛比
Sir Thomas Arundel	托马斯·阿伦德尔爵士
John Cheyney	约翰·切尼
Sir William Berkeley	威廉·伯克利爵士
Sir Edward Poynings	爱德华·波宁斯爵士
Duchess of Exeter	埃塞克特公爵夫人
Anne of York	约克的安妮
Sir Thomas St. Leger	托马斯·圣莱杰爵士
Charles VIII	查理八世
Anne de Beaujeu	法兰西的安妮
Brehat	布雷阿岛
Paimpol	潘波
Vannes	瓦讷
Rennes	雷恩
Pierre Landois	皮埃尔·朗杜瓦
Loire	卢瓦尔河
Langeais	朗热
Montargis	蒙塔日

Compiègne	贡比涅
Anne Neville	安妮·内维尔王后
Rouen	鲁昂
Harfleur	阿夫勒尔
Sir Walter Herbert	沃尔特·赫伯特爵士
Earl of Northumberland	诺森伯兰伯爵
Henry Percy	亨利·珀西
Richard Fox	理查德·福克斯
Hammes Castle	哈莫司城堡
Sir James Blount	詹姆斯·布朗特爵士
Sir John Fortescue	约翰·福蒂斯丘爵士
Sheriff Hutton Castle	谢里夫·赫顿城堡
Nottingham	诺丁汉
Morgan of Kidwelly	基德韦利的摩根
Rice ap Thomas	赖斯·托马斯
Sir John Savage	约翰·萨维奇爵士
Philibert de Shaunde	菲利贝尔·德·肖恩
Milford Haven	米尔福德港
Sir William Stanley	威廉·斯坦利爵士
Sir Gilbert Talbot	吉尔伯特·托尔博特爵士
Sir Thomas More	托马斯·莫尔爵士
Baron Strange	斯特兰奇男爵
George Stanley	乔治·斯坦利
Cheshire	柴郡
Lichfield	利奇菲尔德
Tamworth	塔姆沃思
Leicestershire	莱斯特郡
Bosworth	博斯沃思
Sir Reginald Bray	雷金纳德·布雷爵士
Viscount St Alban	圣奥尔本子爵
Francis Bacon	弗朗西斯·培根
Sir Robert Willoughby	罗伯特·威洛比爵士
Duke of Clarence	克拉伦斯公爵

George Plantagenet	乔治·金雀花
Earl of Warwick	沃里克伯爵
Edward Plantagenet	爱德华·金雀花
battle of Stoke	斯托克战役
battle of Blackheath	布莱克希思战役
St. Albans	圣奥尔本斯
Polydore Vergil	波利多尔·维吉尔
Shoreditch	肖迪奇
St. Paul's Cathedral	圣保罗大教堂
St. George	圣乔治
Cadwallader	卡德瓦拉德
Te Deum	《赞美颂》
Bishop of London	伦敦主教
Thomas Kempe	托马斯·肯普
Archbishop of Canterbury	坎特伯雷大主教
Tomas Bourchier	托马斯·伯奇尔
Lambeth Palace	兰贝斯宫
Tower of London	伦敦塔
Knight Banneret	方旗爵士
Duke of Bedford	贝德福德公爵
Earl of Derby	德比伯爵
Earl of Devon	德文伯爵
Louis XI	路易十世
Act of Attainder	《剥夺权利法案》
Leicester	莱斯特
Lincolnshire	林肯郡
Croyland Abbey	克罗兰修道院
Act of Resumption	《恢复法案》
House of Commons	下议院
Gospels	福音书
Sir Thomas Lovell	托马斯·洛弗尔爵士
Bishop of Worcester	伍斯特主教
John Alcock	约翰·阿尔科克

Pope Alexander VI	教皇亚历山大六世
Bath	巴斯
Durham	达勒姆
Winchester	温彻斯特
Lord Privy Seal	掌玺大臣
Knight of the Garter	嘉德骑士
Lord Dynham	德汉姆勋爵
Sir John Cheyney	约翰·切尼爵士
Sir Richard Edgecombe	理查德·埃奇库姆爵士
Pope Innocent VIII	教皇英诺森八世
Bishop of Imola	伊莫拉大主教
Simone Bonadies	西莫内·博纳蒂斯
Yorkshire	约克郡
Waltham	沃尔瑟姆
Cambridge	剑桥
Huntingdon	亨廷顿
Stamford	斯坦福德
Lincoln	林肯
Newark	纽瓦克
Doncaster	唐克斯特
Pomfret	庞弗里特
Colchester	科尔切斯特
Humphrey Stafford	汉弗莱·斯塔福德
Thomas Stafford	托马斯·斯塔福德
Ripon	里彭
Middleham	米尔德赫姆
Francis Lovell	弗朗西斯·洛弗尔
Abingdon	阿宾顿
Culham	卡勒姆
Tyburn	泰伯恩刑场
Whitsunday	圣灵降临节
Hereford	赫里福德
Gloucester	格洛斯特

Bristol	布里斯托尔
Putney	帕特尼
Lambert Simnel	兰伯特·西姆内尔
Richard Simon	理查德·西蒙
Thomas Simnel	托马斯·西姆内尔
Earl of Kildare	基尔代尔伯爵
Gerald FitzGerald	杰拉尔德·菲茨杰拉德
John Estrete	约翰·埃斯特里特
Dublin Castle	都柏林城堡
Christ Church Cathedral	基督大教堂
Edward VI	爱德华六世
Candlemas Day	圣烛节
Bermondsey Abbey	柏蒙西修道院
Earl of Lincoln	林肯伯爵
John de la Pole	约翰·德·拉·波尔
Duke of Suffolk	萨福克公爵
Charles the Bold	勇敢者查尔斯
Norfolk	诺福克
Suffolk	萨福克
Bury St. Edmunds	贝里圣埃德蒙兹
Norwich	诺里奇
Easter	复活节
Walsingham Shrine	沃尔辛厄姆神殿
Coventry	考文垂
Feast of St.George	圣乔治圣宴
Martin Swart	马丁·斯沃特
Kenilworth	凯尼尔沃斯
Earl of Ormond	奥蒙德伯爵
Thomas Butler	托马斯·布特勒
Furness Fells	弗内斯丘原
Sir Thomas Broughton	托马斯·布劳顿爵士
Tomas FitzGerald	托马斯·菲茨杰拉德
Newcastle	纽卡斯尔

James III	詹姆斯三世
Marquis of Ormond	奥蒙德侯爵
Catherine of York	约克的凯瑟琳
Duke of Rothesay	罗思赛公爵
James Stewart	詹姆斯·斯图亚特
Court of Star Chamber	星室法庭
Privy Council	枢密院
Cornishman	康沃尔郡人
Mount's Bay	蒙特湾
Kinsale	金塞尔
Lord Thomas of Barry	托马斯·巴里勋爵
Lord James de Courcy	詹姆斯·库西勋爵
Waterford	沃特福德
James Rice	詹姆斯·赖斯
Lambay Island	兰贝岛
Malahide	马拉海德
Bishop of Meath	米斯郡主教
John Payne	约翰·佩恩
Archbishop of Dublin	都柏林大主教
Walter Fitzsimon	沃尔特·菲茨西蒙
Baron of Portlester	波特莱斯特男爵
Rowland Fitzeustace	罗兰·费特兹斯坦
St. Thomas's Court	圣托马斯法院
Maynooth Castle	梅努斯城堡
Drogheda	德罗赫达
Trim	特里姆
Thomas Plunket	托马斯·普兰基特
Prior of Kilmainham	吉尔曼哈姆修道院
Sir James Keating	詹姆斯·基廷爵士
Dalkey	多基
Duke of Orléans	奥尔良公爵
Louis II	路易二世
Madame de Beaujeu	博热夫人

Anne of France	法兰西的安妮
Duchess of Brittany	布列塔尼女公爵
Anne of Brittany	布列塔尼的安妮
Maximilian I	马克西米利安一世
Nantes	南特
Isle of Wight	怀特岛
Windsor	温莎
Ferdinand II of Aragon	阿拉贡国王斐迪南二世
Battle of Saint -Aubin-du-Cormier	圣奥宾战役
Battle of Dinan	迪南战役
Battle of St. Malo	圣马洛战役
Rennes	雷恩
Isabella I of Castile	卡斯蒂尔的伊莎贝拉一世
Alain I of Albret	阿尔贝的阿兰一世
Don Juan	唐璜
Duke of Burgundy	勃艮第公爵
Philip of Habsburg	哈布斯堡的菲利普
Guingamp	甘冈
Redon	勒东
Feast of All Saints	诸圣节
Jean Rieux	让·里厄
John III of Navarre	纳瓦拉国王约翰三世
Gascony	加斯科尼
Prince d'Orange	迪努瓦伯爵
John IV of Chalon—Arlay	沙隆-阿莱的约翰四世
Philip de Montauban	菲利普·德蒙托邦
Archbishop of Sens	桑斯大主教
Tristan de Salazar	特里斯坦·德·萨拉查
Chinon	希农
Sir John Cheyney	约翰·切尼爵士
Seigneur de Sourdeac	苏戴克领主
Guienne	吉耶讷
King of Portugal	葡萄牙国王

John II	约翰二世
Duchess of Burgundy	勃艮第女公爵
Mary of Burgundy	勃艮第的玛丽
Ghent	根特
Bruges	布鲁日
Seigneur d'Esquerdes	埃斯凯尔德领主
Philip de Crevecoeur	菲利普·德·克雷布克
Frederick III	腓特烈三世
Lord of Ravenstein	拉文斯坦勋爵
Adolph of Cleves	克利夫斯的阿道夫
Dixmude	迪克斯迈德
Baron of Morley	莫利男爵
Henry Lovell	亨利·洛弗尔
Guînes	吉讷
Hammes	哈姆斯
Nieuport	纽波特
Ostend	奥斯坦德
Ypres	伊普尔
Hesdin	埃丹
River Humber	亨伯河
Earl of Northumberland	诺森伯兰伯爵
Henry Percy	亨利·珀西
Archbishop of York	约克大主教
Thomas Rotherham	托马斯·罗瑟洛姆
Abbot of St. Mary's	圣玛丽修道院
Hertford	赫特福德
Sir John Egremont	约翰·埃格勒蒙德爵士
Earl of Surrey	萨里伯爵
Thomas Howard	托马斯·霍华德
Roussillon	鲁西永
Treaty of Arras	《阿拉斯条约》
Artois	阿图瓦
Margaret of Austria	奥地利的玛格丽特

Frankfurt	法兰克福
Santo Cabot	桑托·卡伯特
Concarneau	孔卡诺
Treaty of Frankfurt	《法兰克福条约》
Francis, Lord of Luxemburg	卢森堡勋爵弗朗西斯
Wallerand, Lord of Marigny	马里尼勋爵瓦勒朗
Robert Gaguin	罗伯特·加甘
St. John's day	圣约翰日
Bishop of Concordia	康科迪亚主教
Lionel Chieregato	利昂内尔·基耶雷加托
Greece	希腊
Hungary	匈牙利
Crimea	克里米亚
Rhodes	罗得岛
Bajazet II	巴亚泽特二世
Sultan Cem	苏丹杰姆
Tours	图尔
Boulogne	布洛涅
Tournay	图尔奈
Rohan	罗昂
Quintin	坎坦
Morlaix	莫尔莱
Count of Nassau	拿骚伯爵
Philip II	菲利普二世
Touraine	都兰
King of Bohemia	波希米亚国王
Vladislaus II	弗拉迪斯拉斯二世
Langeais	朗热
Granada	格拉纳达
Morlaix	莫尔莱
Arthur, Prince of Wales	阿瑟·都铎王子
Pedro de Ayala	佩德罗·德·阿亚拉
Dr. Thomas Savage	托马斯·萨维奇博士

Sir Richard Nanfan	理查德·南范爵士
Cerdagne	塞尔达尼亚
Pyrenees	比利牛斯山脉
Catalonia	加泰罗尼亚
John II of Aragon	阿拉贡的胡安二世
Louis XI	路易十一
Kingdom of Castile	卡斯蒂尔王国
Kingdom of Aragon	阿拉贡王国
Christopher Columbus	克里斯托弗·哥伦布
Campo	坎波
Medina	梅迪尼亚
Newfoundland	纽芬兰岛
Sebastian Cabot	塞巴斯蒂安·卡伯特
Joanna of Castile	卡斯蒂利亚的胡安娜
Antonio Flores	安东尼奥·弗洛雷斯
Moors	摩尔人
Low Countries	低地国家
Sluys	斯鲁伊斯
Duke of Saxony	萨克森公爵
Albert III	艾伯特三世
Antwerp	安特卫普
Brabant	布拉班特
Sandwich	桑维奇
Amiens	亚眠
Étaples	埃塔普勒
Picardie	皮卡第
Perkin Warbeck	珀金·沃贝克
Stephen Frion	斯蒂芬·弗里翁
Archbishop of Canterbury	坎特伯雷大主教
William Warham	威廉·沃勒姆
King of Naples	那不勒斯国王
Ferdinand I	斐迪南一世
Alfonso II	阿方索二世

Duke of Milan	米兰公爵
Ludovico Maria Sforza	卢多维科·马里亚·斯福尔扎
Gian Galeazzo Sforza	吉安·加莱亚佐·斯福尔扎
Pavia	帕维亚
Order of Garter	嘉德勋章
Duke of Calabria	卡拉布利拉公爵
Bianca Maria Sforza	比安卡·玛利亚·斯福尔扎
Sir Robert Clifford	罗伯特·克利福德爵士
William Barley	威廉·巴利
John Radcliffe	约翰·拉德克里夫
Sir Simon Mountford	西蒙·蒙特福德爵士
Robert Fabyan	罗伯特·费边
Deal	迪尔
Munster	明斯特
Waterford	沃特福德
James IV	詹姆斯四世
Berwickshire	贝里克郡
Katharine Gordon	凯瑟琳·戈登
Robert Barton	罗伯特·巴顿
Cork	科克
Lord Deputy	代理总督
Viceroy	名义总督
Lord Lieutenant of Ireland	爱尔兰郡尉
Archbishop of Armagh	阿马大主教
Ottaviano Spinelli	奥塔维亚诺·斯皮内利
Baron of Howth	霍斯勋爵
Robert St Lawrence	罗伯特·圣劳伦斯
Lord Bourke of Connaught	康诺特的伯克勋爵
Limerick	利默里克
Desiderius Erasmus	德西德里乌斯·伊拉斯谟
Roterodamus	鹿特丹
Baron of Portlester	波特莱斯特男爵
Rowland FitzEustace	罗兰·菲茨尤斯特斯

Chancellor of Ireland	爱尔兰首席大臣
Lord of Treasurer of Ireland	爱尔兰财政大臣
Alexander Plunket	亚历山大·普伦基特
James Ormond	詹姆斯·奥蒙德
Earl of Ormond	奥蒙德伯爵
John Butler	约翰·巴特勒
Thomas Butler	托马斯·巴特勒
Piers Butler	皮尔斯·巴特勒
Kilkenny	基尔肯尼
St. Patrick's Church	圣帕特里克大教堂
Book of Howth	《霍斯之书》
Bishop of Meath	米斯郡主教
John Payne	约翰·佩恩
Henry Dean	亨利·迪恩
Master of the Rolls	案卷主事官
Ulster	阿尔斯特
O'Donnell	奥唐奈家族
Armagh	阿马
O'Hanlon	奥汉隆家族
Carlow Castle	卡洛城堡
Sir James Fitzgerald	詹姆斯·菲茨杰拉德爵士
Drogheda	德罗赫达
Poynings Acts	《波宁斯法案》
Louth	劳斯郡
Gerald FitzGerald	杰拉尔德·菲茨杰拉德
Sir Piers Butler	皮尔斯·巴特勒爵士
Christendom	基督教世界
Treaty of Barcelona	《巴塞罗那条约》
Holy League	神圣反法同盟
Duke of Bourbon	波旁公爵
Peter II	彼得二世
John, Prince of Asturias	阿斯图里亚斯王子胡安
Lord Egremont	埃格勒蒙特勋爵

Percies	珀西家族
Nordlingen, Suabia	施瓦本的讷德林根
Battle of Fornovo	福尔诺沃战役
Novara	诺瓦拉
Gian Galeazzo Viscounti	吉安·加莱亚佐·维斯孔蒂
Christopher Urswick	克里斯托弗·厄斯威克
Ostia	奥斯蒂亚
Robert Sherbourne	罗伯特·舍伯恩
Bishop of Chichester	奇切斯特主教
Edward Story	爱德华·斯托里
All Saint's Day	万灵日
Republic of Genoa	热那亚共和国
Don Pedro de Ayala	佩德罗·德·阿亚拉
Morton's fork	莫顿的餐叉
Sir William Capel	威廉·卡佩尔爵士
Sir Richard Empson	理查德·恩普森爵士
Edmund Dudley	埃蒙德·达德利
Sir John Fortescue	约翰·福蒂斯丘爵士
Thomas Flammock	托马斯·弗莱莫克
Bodmin	博德明
Michael Joseph	迈克尔·约瑟夫
Taunton in Somersetshire	萨默塞特的汤顿
Baron of Audley	奥德利男爵
James Tuchet	詹姆斯·塔切特
Wat Tyler	沃特·泰勒
Jack Cade	杰克·凯德
Woodstock	德斯托克
Guildford	吉尔德福
Blackheath	布莱克希思
Earl of Essex	埃塞克斯伯爵
Henry Bourchier	亨利·鲍彻
Whitesand Bay	怀特桑德湾
Beaulieu Abbey in Hampshire	比尤利修道院

Lord Darcy	达西勋爵
Tomas Darcy	托马斯·达西
Dorset	多塞特郡
Wiltshire	威尔特郡
Robert Sherbourne	罗伯特·舍博恩
Bishop of St. David's	圣大卫教区主教
Earl of Angus	安格斯伯爵
Archibald Douglas	阿奇博尔德·道格拉斯
Lord Bothwell	博斯韦尔勋爵
John Ramsay	约翰·拉姆齐
Duke of Ross	罗斯公爵
James Stewart	詹姆斯·斯图亚特
Earl of Buchan	巴肯伯爵
Alexander Stewart	亚历山大·斯图亚特
Bishop of Moray	马里主教
Andrew Stewart	安德鲁·斯图亚特
Lord Home	霍姆勋爵
Alexander Home	亚历山大·霍姆
Norham	诺勒姆
Earl of Westmoreland	威斯特摩兰伯爵
Ralph Neville	拉尔夫·内维尔
Baron Dacre	戴克男爵
Thomas Fiennes	托马斯·费恩斯
Baron Lumley	拉姆利男爵
George Lumley	乔治·拉姆利
Ayton Castle	艾顿城堡
Melrose	梅尔罗斯
Louis XII	路易十二
Jeanne	让娜
Duke of Valentinois	瓦伦蒂诺公爵
Cesare Borgia	恺撒·博尔贾
Sheen Priory	希恩隐修院
Cheapside	奇普锡德

Ralph Wilford	拉尔夫·威尔福德
Tower Hill	塔丘
Gaspar Pons	加斯帕尔·庞斯
Knights of Rhodes	罗得骑士团
Pope Julius II	教皇尤利乌斯二世
La Coruña	拉科鲁尼亚
Plymouth	普利茅斯
Ludlow Castle	拉德洛城堡
Sir Richard Poole	理查德·普尔爵士
Greenwich	格林尼治
Perpignan	佩皮尼昂
John de Giglis	约翰·德·吉利斯
Earl of Bothwell	博斯韦尔伯爵
Patrick Hepburn	帕特里克·赫本
Northamptonshire	北安普顿郡
Collyweston	科利韦斯顿
de la Pole's family	德·拉·波尔家族
Ewelme	艾维尔米
Bishop of Worcester	伍斯特主教
James Tyrell	詹姆斯·蒂雷尔
Richard de la Pole	理查德·德·拉·波尔
Sir Robert Curzon	罗伯特·柯曾爵士
Captain of Hammes	哈米斯城堡
St Paul's Cross	圣保罗大教堂十字架
William Courtenay	威廉·考特尼
Sir James Tyrell	詹姆斯·蒂雷尔爵士
John Wyndham	约翰·温德姆
Court of Palatine	巴拉汀宫廷
Gueldres	海尔德兰公国
Friesland	弗里斯兰
Duke of Saxony	萨克森公爵
George the Bearded	大胡子乔治
Duke of Gueldres	海尔德兰公爵